2023 Grimoire

de pratique

Éditions Danaé
1862, route de Baziège, la Lauragaise
31670 LABÈGE - France

www.editions-danae.com

Retrouvez-nous sur les réseaux sociaux
Facebook @editionsdanae
Twitter @AllianceMagique
Instagram @editionsdanae

Crédits

Direction éditoriale : Marion Péru
Suivi projet éditorial : Aurélie Simonneau
Création graphique et mise en pages de la couverture et de l'intérieur : Emmà Landi et Margot Gabaret
Coordination éditoriale : Sandrine Pennard
Correction : Anne Rastoll et Anne Desmier

Illustrations couverture :
Lisbeth Nemandi et Margot Gabaret : citrouille et tranche d'agrume.

Unsplash : andy-chilton : photo recette en fond.
iStock : Volodymyr Kryshtal : rouleau à pâtisserie, bulles, plantes et cuillère ; Viktoriia Ilina : potion en haut et petites étoiles ; Ksenia Shnaider : chapeau de sorcière ; Magnilion : balais.
Shutterstock : Tanya Antusenok : fiole droite ; stereohype : coins cadre ; Galina Yureva : fiole gauche; Neliakott : plantes cadre ; Croisy : chaudron.

Un label du groupe Alliance Magique
ISBN : 978-2-38062-059-7
Dépôt légal : 4e trimestre 2022

Imprimé en Turquie

Lisbeth Nemandi

2023 Grimoire de pratique

365 jours d'études pour développer ses capacités magiques et créatives en

Magie des Fourneaux

2022 - ÉDITIONS DANAÉ

À propos de l'auteure

Lisbeth Nemandi est une sorcière explorant depuis 2014 l'occulte, l'ensemble des arts et cultures touchant aux secrets de la Nature, ce qui est non visible. Après avoir pratiqué seule durant trois ans, elle décide d'ouvrir un blog afin d'échanger avec d'autres pratiquants et d'aller encore plus loin. Ne se reposant jamais sur ses acquis, Lisbeth est en perpétuelle recherche : tout doit être testé et éprouvé.

En 2021, elle ouvre son coven de sorcellerie en ligne appelé Trisklann, où elle rassemble des élèves en trois maisons pour créer un lieu d'entraide, de réflexion et d'exploration spirituelle.

Ce grimoire appartient à

....

Si jamais vous le trouvez égaré,
n'hésitez pas à lui faire retrouver le chemin
de la maison en téléphonant au

....

... ou en l'envoyant à l'adresse suivante

....

....

....

[Vous n'êtes bien sûr pas obligé d'inscrire votre adresse personnelle,
cela peut être l'adresse de votre boutique ésotérique ou votre café préféré.]

Merci !

La cuisine est un langage universel
qui se partage sans un mot, mais avec
tout l'Amour du monde.

À tous mes ancêtres qui m'ont transmis
la passion de la cuisine,

À mes grand-mères qui ont été
de formidables cuisinières,

À mon père pour sa recette de moelleux au chocolat,

À ma mère pour sa vinaigrette légendaire,

À ma soeur pour sa qualité de critique gastronomique,

À ma tante qui me fait découvrir
les petites adresses de Paris où l'on mange le mieux,

À vous qui, je l'espère, ferez vivre
ces recettes dans vos maisons.

Lisbeth

Avant-propos

Bienvenue dans ce cinquième *Grimoire de pratique*, quelle aventure ! Ce volume est très spécial : c'est le dernier grimoire de pratique créé par mes soins et j'espère qu'il sera aussi précieux pour vous que pour moi. C'est celui qui contient ma pratique personnelle, la magie des fourneaux. Je me considère comme sorcière nourricière, terme qui m'a été inspiré par Barbara Bertiaux, cheffe nourricière solaire. J'aimerais vous dire qu'il est rempli exclusivement de recettes et ingrédients français, mais cela serait naïf et illusoire : l'histoire de la cuisine française est faite de rencontres, d'échanges, d'une histoire parfois lourde concernant la colonisation. Nous ne nous rendons parfois plus compte à quel point tout circule. Les tomates dont nous raffolons tous l'été, par exemple, sont originaires d'Amérique du Sud et furent importées en Europe au XVIe siècle, d'abord en tant que plantes décoratives, avant de se faire une place de choix dans nos assiettes. Nous célébrerons cette diversité au fil du grimoire, mais toujours avec une touche française. Dans cet ouvrage, vous serez invité à ma table, dans ma pratique personnelle et dans nos livres de recettes familiaux, en espérant nourrir autant votre pratique que votre estomac !

La magie des fourneaux (*kitchen witchcraft* en anglais) est une magie qui peut aussi bien s'exprimer à travers une cuisine simple, généreuse et familiale que par une gastronomie très technique et précise. Ici, c'est une magie des fourneaux parmi une multitude d'autres qui vous est proposée, n'hésitez pas à faire vivre cette pratique différemment dans votre cuisine et cœur, je vous propose non pas une ligne de conduite immuable mais une invitation. Demandez à plusieurs familles LA recette des crêpes ou du couscous, tout le monde dira avoir la véritable et unique recette, mais elles seront toutes différentes (et délicieuses). Comment adapter la magie des fourneaux à soi ? Regardez ce que vous aimez, les plats qui vous attirent, ce qui pousse dans votre région ou encore les plats typiques de celle-ci. Aucun jour ne passe sans que je ne découvre quelque chose, soyez curieux·se et laissez votre intuition tisser des liens entre votre pratique et le monde qui vous entoure. La magie est déjà en vous, il suffit d'écouter. Si prier, étudier et pratiquer est notre manière de nous faire entendre du monde des esprits, méditer et laisser de la place pour la réponse est important, sinon c'est un dialogue à sens unique. Ayez foi et faites-vous plaisir !

Restez magiques,
Lisbeth

Grimoire de pratique, mode d'emploi

Le grimoire de pratique, comment est-ce que cela fonctionne ? C'est un ouvrage qui est pensé comme un livre des ombres ou livre des miroirs plus que comme un grimoire. Un petit rafraîchissement concernant les définitions :

- *Le livre des ombres* est un journal personnel qui condense les recherches et travaux de manière factuelle au maximum. Il garde une trace des sources trouvées et non explorées encore, ainsi que de la pratique effectuée.
- *Le livre des miroirs* est un journal consacré aux émotions et ressentis du pratiquant, comme un journal intime.
- *Le grimoire*, quant à lui, est un recueil de tout ce qui fonctionne le mieux concernant la pratique et qui est destiné à être transmis probablement plus tard (dans une tradition, une famille ou à des initiés le plus souvent), mais peut aussi être créé pour le plaisir de mettre au propre notre pratique personnelle. Il est (normalement) censé contenir uniquement la pratique expérimentée.

Ici, même si cet ouvrage s'appelle *Grimoire de pratique,* vous êtes totalement libre de l'utiliser comme bon vous semble et d'en faire un format hybride qui vous convient. Vous remarquerez qu'il n'y a pas de numéro de page dans cet ouvrage : ainsi, si vous souhaitez en arracher, en ajouter... vous êtes totalement libre ! Vous trouverez dans mon Podia (lisbethnemandi.podia.com) un contenu gratuit avec les pages d'études vierges à télécharger si vous souhaitez en imprimer et en utiliser plus, etc. Utilisez le code « FOURCHETTE » pour y accéder gratuitement. Voyez l'ouvrage que vous tenez entre les mains comme un livre magique pour vos recettes anciennes et à venir. Il y aura probablement des traces de doigts pleins de confiture, des ratures, des cartes de vos restaurants favoris, quelques fous rires et peut-être même parfois une odeur de brûlé entre les pages. C'est aussi ça qui fait de belles histoires et qui crée la magie du quotidien, non ? Si vous avez peur de l'abîmer, raturez avec passion la première page, il sera imparfait et prêt à servir.

Si vous débutez en magie et êtes inquiet·ète sur la manière de vous lancer, sachez que le contenu de ce grimoire, axé sur la magie des fourneaux, se base sur plusieurs années de pratique personnelle ainsi que deux livres principalement : *La Cuisine wiccane* et *Encyclopédie des plantes magiques* de Scott Cunningham. Si vous voulez intégrer la magie des fourneaux à une pratique magique, je vous invite donc à explorer ses livres. Son système magique n'est pas wiccan (il n'a jamais été initié) et mélange différentes inspirations, mais il est utilisable, suffisamment souple pour qu'une personne débutante puisse se lancer et obtenir des résultats. N'hésitez pas à regarder la bibliographie, je vais y glisser plein de références pour que vous puissiez continuer votre chemin. Concernant ma pratique, c'est une invitation dans ma cuisine qui vous est faite, vous trouverez avec les recettes une suggestion de chanson, parce qu'un repas n'est jamais préparé sans musique dans ma maison. Les bougies font aussi partie intégrante de ma spiritualité, alors vous trouverez une suggestion de couleur de chandelle à allumer pour chaque recette. Si celle-ci n'est pas terminée lors de la fin du sortilège, je la souffle, lui associe une étiquette et la range pour la prochaine fois. Je peux aussi choisir de la mettre sur la table au moment du repas. Suivez votre instinct ! Il en va de même pour les moments qui vous sont proposés pour cuisiner, nous n'avons pas toujours le choix... Faites au mieux et surtout n'oubliez pas : la joie et les émotions qui vous habitent sont votre source première de pouvoir.

Espace de test

Avant de vous lancer tel un shetland fringant, je vous conseille fortement d'utiliser l'espace test disponible à la fin de ce grimoire, pour tester vos peintures, stylos et feutres afin de voir comment réagit le papier et si cela traverse. Personnellement, je fais un petit trait ou une petite tache et, à côté, j'écris le nom du stylo/feutre utilisé. Ça me permet de les racheter facilement si je les perds par exemple, ce qui n'arrive jamais bien sûr, vu que je suis une adulte responsable et consciencieuse, pas du tout tête en l'air. *tousse*

Qui sont les Sorcières d'aujourd'hui ?

Depuis quelques années, la sorcière est partout. Est-ce réellement une nouveauté ? Enfant des années 1990, j'ai grandi avec *Charmed*, *Sabrina*, *Harry Potter*, *Witch Mag*... Ce que nous regardions avec affection dans notre enfance était sûrement une hérésie pour ceux de notre âge et qui pratiquaient. Quelle différence, donc ? Plus nous étudions l'histoire, plus nous prenons du recul : la période qui est mise sur un piédestal en ce moment est celle des années 1950 en Angleterre, à la levée des *Witchcraft Acts*. Explosion de traditions qui recrutent, ouvertures de boutiques, de maisons d'édition, d'événements, publications d'ouvrages et ressources pour se lancer dans la sorcellerie... Il est fort probable qu'à cette époque on s'insurgeait déjà de cette effervescence chez les pratiquants, qui voyaient les débutants comme des saccageurs du sacré, de leurs traditions et pratiques.

Note : (Si vous lisez l'anglais, je vous conseille le livre Hippie Commie Beatnik Witches : A Social History of the New Reformed Orthodox Order of the Golden Dawn *d'Aidan Kelly, chercheur et pratiquant qui consacre encore aujourd'hui sa vie à l'étude et la transmission. Il est une figure importante de l'ésotérisme et même le créateur des sabbats wiccans dits « mineurs de la roue des sabbats », très populaires aujourd'hui.)*

La grande différence entre les années 1950 et notre époque, c'est... notre manière de communiquer. Aujourd'hui, n'importe qui peut donner son avis en un claquement de doigts et depuis n'importe où, puisque nous nous baladons avec nos téléphones. Internet met aussi un voile de déshumanisation :

on a l'impression de se défouler sur une idée et non une personne. Cela nous rend parfois impulsifs ; dans les pires cas, cela peut mener à du harcèlement ou des menaces – l'effet de groupe n'aide pas.

Les Sorcières d'hier

C'est normal d'avoir peur ou de ressentir de l'inconfort face à des croyances différentes des nôtres, surtout quand nous y consacrons une grande partie – voire l'entièreté – de notre vie. Il suffit de voir le peu de reconnaissance apportée à Aidan Kelly pour le travail colossal qu'il nous a transmis. Il n'est pas très populaire auprès de nombreux pratiquants pour avoir mis en lumière un grand nombre d'incohérences dans l'histoire de la Wicca traditionnelle, qui mettent grandement en doute son existence avant Gardner. Ses recherches sont soutenues par de nombreux historiens, mais contestées par les wiccans traditionnels. Cela reviendrait à admettre la possibilité que Gardner, fondateur de la Wicca, n'ait pas hérité (ou en tout cas pas sous cette forme) de savoirs ancestraux, mais ait fait la même chose que de nombreux jeunes pratiquants aujourd'hui : inventer une généalogie, transformer l'histoire pour asseoir une légitimité et partager ses connaissances ésotériques qui le passionnaient profondément. C'est probablement ce qui a pourtant permis à la Wicca de devenir aussi populaire et de tenir dans le temps, car Gardner était un pratiquant cultivé et un excellent orateur qui profitait de sa retraite pour se consacrer à la structure de cette tradition.

Nombreux sont les traditions, mouvements et savoirs qui se sont perdus avec le temps : par manque de sensationnalisme, visibilité, humilité ou organisation, comme ce fut le cas de la Serpent Stone Family, du Clan of Tubal Cain, de la 1734

Tradition... L'élitisme poussant à n'accepter qu'une petite poignée d'élus mène parfois malheureusement à l'extinction. C'est regrettable, mais il nous faut aussi relativiser : cela fait partie du cycle naissance, vie, mort et peut-être renaissance, après tout. Les traditions et savoirs trouveront toujours une manière de renaître.

Les Sorcières d'aujourd'hui

Cela fait neuf ans maintenant que je pratique la sorcellerie avec passion et dévotion (ainsi que doute et frustration parfois, comme tout le monde). Initiée dans un coven traditionnel il y a quelques années, j'avais du mal à m'y retrouver et j'ai préféré continuer ma route en solitaire et patienter afin de trouver une tradition qui me convienne mieux. Nous avons toute la vie pour trouver un groupe de pratique qui nous convient, même si nous sommes souvent impatients. Pour rappel, ma pratique personnelle est basée sur la *chaos magick* (voir l'*Agenda de pratique 2020*) et la magie des fourneaux/du foyer/nourricière (vous avez le grimoire idéal pour ce sujet entre les mains). Mes piliers sont les divinités, l'évolution humaine et le service à la communauté.

Dernièrement, j'ai observé une cristallisation de trois grands aspects concernant la figure de la sorcière, que je vous propose d'explorer ensemble. Aucune n'est meilleure, aucune n'a besoin d'être en compétition avec les autres, elles sont les facettes d'une même pierre brute et peuvent très bien cohabiter dans un groupe ou au sein d'un même individu ! Vous pouvez tout à fait être un mélange coloré de ces facettes, voire en créer de nouvelles.

Sorcières pratiquantes

- Tout le monde peut l'être, quels que soient son âge, sa couleur de peau, son genre, son orientation sexuelle et son niveau social.
- Pratique en groupe ou en solitaire qui n'est pas soumise à la notion de bien ou de mal, mais varie en fonction de la morale de la personne ou du groupe. C'est ce qu'on appelle le « triple retour », un héritage de la Wicca traditionnelle qui fait écho à « Dieu rendra au centuple tout ce qu'on fera pour lui » de la Bible, ce sont des rappels que nos actions ont toujours des conséquences.
- Le plus souvent cela concerne des préoccupations terrestres (argent, travail, amour, pouvoir, famille, possessions...) et l'influence sur l'avenir, la réalité matérielle du pratiquant, grâce à l'aide du monde des esprits.
- Leur pratique peut être dogmatique ou libre.
- Parfois confondues avec des adeptes du paganisme.

Sorcières féministes

- Tout le monde peut l'être, quels que soient son âge, sa couleur de peau, son genre, son orientation sexuelle et son niveau social.
- Nous sommes ici dans l'archétype de la victime de chasse aux sorcières et non d'une pratique spirituelle. Ici, nous parlons convictions sociales et politiques : la plupart des victimes des procès étaient des femmes qui ne rentraient pas dans le moule de l'époque (et ce moule était très, très petit). Des veuves, de pauvres âmes qu'on a accusées de répandre la maladie, des femmes qui ont refusé des avances, des malheureuses dont le nom était donné lors de sessions de torture, des épouses refusant de subir des violences, des

hommes un peu trop prospères ou des personnes exprimant juste leur désaccord contre cette chasse aveugle et arbitraire.

- Ce sont des sorcières dans le sens où elles se rebellent contre les diktats imposés aux femmes, veulent faire bouger les codes et se battent pour la liberté d'être. Elles prennent le risque d'être mises en marge de la société parce qu'elles veulent plus de droits et de liberté pour tous.

Sorcières philosophiques

- Tout le monde peut l'être, quels que soient son âge, sa couleur de peau, son genre, son orientation sexuelle et son niveau social.
- C'est une catégorie créée par mes soins : elle regroupe les personnes qui s'inspirent de la figure de la sorcière de manière générale pour retrouver leur pouvoir personnel, se dépasser en tant que personne ou se reconnecter à une partie de soi dont on s'est éloigné.
- Ces sorcières ne sont pas forcément des personnes pratiquantes ou engagées, mais la figure de la sorcière guide leurs pensées, paroles et actions.
- C'est une voie plus introspective et personnelle où l'on peut s'allier à des personnalités inspirantes, utiliser les outils comme le pendule ou le tarot, le plus souvent pour un travail de l'ombre.
- Il y a souvent un souhait de se reconnecter à quelque chose de plus grand et aux rythmes de la nature, des saisons, de la lune qui accompagne cette démarche.

Qui êtes-vous, vous ?

Je le répète souvent, mais personne n'a besoin de savoir que vous pratiquez la sorcellerie, cela peut être fait en secret toute votre vie, sans un post Instagram, sans un mot à vos amis ou partenaires. C'est avant tout quelque chose en vous, entre vous et le sacré. Les mots sont des moyens de structurer nos pensées et parfois de communiquer, mais ils limitent aussi les possibilités. La nature n'aime pas l'ordre, ce sont les humains (et sorcières) qui cherchent à le créer. Je terminerai en vous offrant les trois principes du Discordianisme qui sont chers à mon cœur : l'Anéristique (l'ordre), l'Éristique (le désordre) et le fait que ces deux concepts ne soient que pure illusion. C'est seulement en reconnaissant l'imperfection de ces trois principes qu'il sera possible de percevoir la réalité telle qu'elle est. Quelle réalité allez-vous créer ?

Tirage de l'année

La magie des fourneaux est pour moi très reliée à la terre, puisque c'est elle avant tout qui nous nourrit. Il y a des cycles de semis, de récolte, de taillage... Il y a même des saisons pour les différents fromages et autres ingrédients d'origine animale, bien que l'industrialisation massive de notre alimentation nous ait coupés de ces cycles en nous offrant tout à disposition toute l'année. Si vous en avez l'occasion, allez en famille au verger, renseignez-vous sur les aliments que vous aimez consommer toute l'année pour en découvrir de nouveaux lorsque la saison se termine. Soyez curieux·se !

Voici un tirage en quatre cartes à l'occasion des saisons : vous pouvez en début d'année faire ce tirage entièrement, puis, lors des solstices et équinoxes, tirer trois cartes supplémentaires pour votre saison.

Date de l'étude

...... / ...... / ......

Oracle ou tarot utilisé

....

....

Phase de la lune

....

☐ Tirage avec les lames à l'envers

HIVER : TRANSITION
Ce qui a besoin d'être mis en terre et libéré pour pouvoir aller de l'avant cette année

AUTOMNE : AMOUR
La manière dont je peux m'offrir de l'amour et en offrir au monde

PRIN-TEMPS : CONCENTRATION
Ce dont j'ai besoin et vers quoi je dois me diriger quand je me disperse

ÉTÉ : CONFIANCE
Ce qui est à cultiver soi-gneusement (tout est déjà en vous)

Mots-clés

....

....

....

....

....

....

Analyse du tirage

.... arcanes majeurs

.... arcanes mineurs

.... lames à l'endroit

.... lames à l'envers

☐ Deniers
☐ Épées
☐ Bâtons
☐ Coupes

Interprétation du tirage

Résumé

Sommaire

Revenir aux bases

Quelques façons de penser en magie

Voici quelques exemples de « doctrines » en sorcellerie. Elles sont là à titre indicatif, car la chose la plus importante en sorcellerie, selon moi, c'est de s'écouter et de faire ce qui nous parle et nous ressemble.

Les douze aspirations de la sorcière

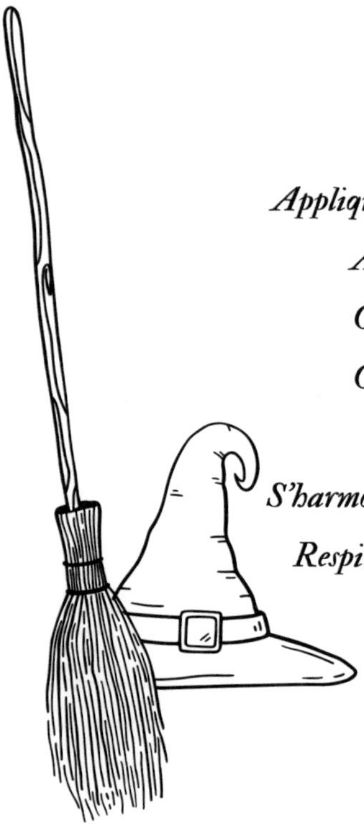

Se connaître

Connaître son art

Apprendre

Appliquer son savoir avec sagesse

Atteindre l'équilibre

Contrôler ses paroles

Contrôler ses pensées

Célébrer la vie

S'harmoniser aux cycles de la terre

Respirer et manger sainement

Exercer le corps

Méditer

L'éthique du dragon

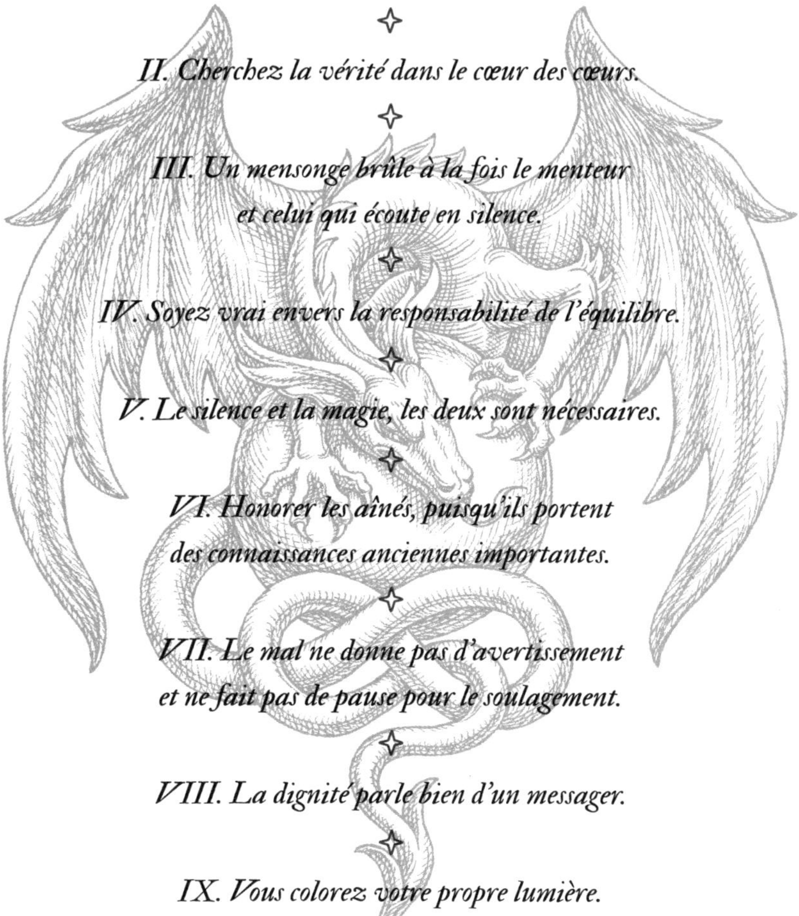

I. Moins on en voit, plus on en fait.

✧

II. Cherchez la vérité dans le cœur des cœurs.

✧

III. Un mensonge brûle à la fois le menteur
et celui qui écoute en silence.

✧

IV. Soyez vrai envers la responsabilité de l'équilibre.

✧

V. Le silence et la magie, les deux sont nécessaires.

✧

VI. Honorer les aînés, puisqu'ils portent
des connaissances anciennes importantes.

✧

VII. Le mal ne donne pas d'avertissement
et ne fait pas de pause pour le soulagement.

✧

VIII. La dignité parle bien d'un messager.

✧

IX. Vous colorez votre propre lumière.

✧

X. Ce qui impacte une pierre se reflète
sur toutes les autres.

Les quatre lois de la sorcellerie

Savoir

Celui qui utilise la magie sans avoir bien étudié la situation et sans bien comprendre ce qu'il fait risque fort d'échouer.

Vouloir

La magie/sorcellerie ne vient pas en un claquement de doigts, donnez-vous le temps qu'il faut, votre volonté payera et vous donnera de nombreux fruits.

Oser

Croyez en vous. Vous êtes capable de tout, alors lancez-vous ! C'est en retroussant vos manches et en enfonçant vos orteils dans la terre que vous en apprendrez le plus sur vous.

Se taire

Dévoiler sa magie à ceux qui n'y croient pas ou souhaitent qu'elle échoue peut la saboter. Le secret est souvent la meilleure des protections, et les sorciers doivent choisir avec soin leurs confidents. Cette règle est souvent la plus difficile à respecter !

Guide de la magie des fourneaux

Vieux savoirs, nouvelles valeurs

J'ai une passion pour les vieux almanachs et les guides de la ménagère, mais n'allez pas croire que tout est « à l'ancienne » dans ma pratique. Du passé je récolte les recettes, les folklores, les astuces, mais j'apprends aussi les leçons sur ce qui doit définitivement rester dans le passé.

La magie nourricière n'empêche pas une vision moderne du monde et de ses enjeux. Au contraire, c'est un choix d'embrasser cette pratique, non une pression sociale. D'ailleurs, ce n'est pas non plus réservé aux personnes de genre féminin.

Privilégier la qualité à la quantité

Aujourd'hui, manger n'est plus une question de survie, avec toute la profusion mise à disposition de notre côté du globe : nous avons des serres, des approvisionnements des quatre coins du monde en continu. Nous mangeons pour le plaisir, comme un loisir, privilégiant l'instant à la durée et l'impact environnemental.

J'aime l'idée de revenir à des plats sobres au quotidien et un repas de fête le dimanche. Personnellement, j'ai mis en place un roulement de recettes par saisons et, un jour par semaine, c'est le moment de tester, de prendre le temps d'une nouveauté. Vivre de peu et raisonnablement au quotidien et apprécier doublement les plaisirs ponctuels… qu'en dites-vous ?

Les recettes… dans le grimoire !

Lorsque j'étais petite, ma maman cuisinait déjà sans suivre les recettes (oui, j'avoue tout… Maman, si tu passes par là, personne ne me contredira). C'était parfois un succès, parfois une catastrophe, mais on ne se souvenait jamais pourquoi : elle ne notait pas les modifications et improvisations.

Je vous invite fortement à laisser une page vierge à côté de vos recettes ou une marge conséquente pour noter les modifications qui pourraient arriver dans le temps. Si vous avez déjà des recettes dans votre grimoire, pas de panique ! Vous pouvez ajouter une page en rabat ou mettre des Post-it. Attention à ces derniers, ils ont tendance à se décoller et disparaître.

N'oublier personne

Lorsque je cuisine, j'aime honorer chaque être vivant et élément qui a participé à remplir mon assiette : la Terre, l'Eau, le Soleil, les animaux (merci les vers d'aérer la terre !) et les humains, que l'on oublie souvent. Je remercie ceux qui ont développé les outils et savoirs, ceux qui ont participé à la production, au transport, à la mise en rayon...

Je ne vais pas vous mentir, cela me hérisse le poil d'entendre « on serait mieux sans les humains » parce que c'est tellement plus facile de rejeter tout le monde que de chercher comment changer les choses. Si dire une prière avant le repas vous parle, j'espère que vous aurez une pensée pour tous ces humains qui ont tant fait pour votre repas.

Privilégier le local, vrac et végéta_ien

Je fais vraiment la différence entre la cuisine du quotidien et la magie des fourneaux, parce que s'il y a un peu de magie dans tout (pour moi), nous ne sommes pas obligés d'en faire tout le temps.

En cuisine magique, je vous conseille d'utiliser de préférence (et quand c'est possible) des ingrédients locaux parce qu'ils sont liés à l'endroit où vous habitez : c'est une connexion profonde au territoire que vous foulez. C'est idéal pour faciliter la communication avec le monde invisible qui vous entoure et l'ancrage.

Je ne mange quasiment jamais de viande lorsque je pratique, parce que cette industrie est une abomination au niveau éthique et énergétique : elle génère énormément de souffrance et de violence. Cela ne m'empêche pas d'en manger ponctuellement, mais seulement en dehors de la pratique.

Partager avec ceux qui en ont besoin

J'ai une pratique personnelle très communautaire, je n'arrive pas à concevoir un monde individualiste. Ceci est une invitation au partage, certes avec vos proches, mais aussi avec les inconnus à qui un repas chaud ferait du bien, une bouteille d'eau lorsqu'il fait chaud...

Vous pouvez faire les fins de marché pour récupérer les légumes abîmés et cuisiner des ragoûts accompagnés de riz ou de pommes de terre vapeur. Pensez à ne pas mettre de viande (en fonction des religions, cela peut être compliqué), pas trop d'épices, et privilégiez des textures tendres, beaucoup n'ont plus assez de dents ou en mauvaise condition. En général, je mets les portions dans des bocaux en verre avant de partir en distribution, avec des serviettes en papier et parfois des couverts en plastique ou de seconde main pour ceux qui n'en ont pas. Ne forcez jamais quelqu'un qui n'en a pas envie, proposez et laissez-le libre d'accepter ou non votre invitation. Si cela vous intimide, commencez par les personnes que vous croisez le plus souvent, ou participez aux maraudes organisées par des associations.

Inviter et honorer les esprits

Non, nous n'allons pas faire du ouija avec une chips triangle pendant une soirée nachos. En général, j'entrouvre la fenêtre pour que les esprits lointains soient invités (il y a des barrières à mes fenêtres pour que ceux qui auraient des intentions peu louables restent là où ils sont) et je leur offre les odeurs qui se dégagent durant la cuisson.

Une fois le repas prêt à être servi, j'en mets une petite portion dans une coupelle comme offrande, accompagnée d'une prière pour les esprits du lieu et mes ancêtres. Ensuite, je détourne le regard et ne m'en occupe qu'une fois le repas terminé. Cela ne serait pas correct d'observer quelqu'un manger, n'est-ce pas ?

Faire des kits de sorcière pressée

Lors de mon initiation au hoodoo, j'ai été émerveillée par l'ingéniosité et l'aspect efficace de cette pratique. Si je n'ai pas continué sur cette voie, j'ai gardé quelques principes qui me facilitent la vie : dans mes placards se trouvent des bocaux de mélanges secs prêts à l'emploi (épices, thé, plantes...) et aux multiples usages.

Un mélange peut être utilisé en infusion, pour parfumer l'eau des pâtes/du riz, dans une préparation pâtissière, être saupoudré dans un plat, etc. Ils sont préparés magiquement en avance pour l'année, chargés une fois ou de manière régulière en fonction du principe magique. Cela évite d'avoir des placards qui débordent dans tous les sens et c'est un gain de temps non négligeable.

Composer un autel de Magie

Ce que j'apprécie par-dessus tout avec le paganisme et la sorcellerie, c'est le fait qu'il n'y ait aucune règle gravée dans le marbre façon Dix Commandements. Bon, il y a toujours des sorciers qui diront « Ooouuh moi, je n'aurais pas fait comme ça. De mon temps, c'était mieux ! », avec un petit regard bien moralisateur. Mais ceux-là, vous pouvez directement les fuir : ce genre de remarque ne vous sert ni à grandir dans votre pratique ni à créer une base de débat intelligent. Fuyez !

C'est pour ça que je vais vous donner la clé pour faire l'autel qui vous convient : faites comme bon vous semble ! En réalité, c'est le meilleur conseil que je puisse vous donner pour l'ensemble de votre pratique. Le plus important est de faire les choses avec cœur, en faisant le bien autant que faire se peut, et en cherchant à créer un lien honnête entre vous et la magie, la/les divinité(s) ou le/les élément(s) qui vous parlent. Nous ne sommes pas sorcières, wiccans, païens ou autre pour des likes sur Instagram ou pour attirer l'attention sur nous.

Bien sûr, avoir un œil esthétique et vouloir partager avec d'autres personnes sur les réseaux n'est pas mauvais. De toute façon, le bien et le mal sont des notions qui varient d'une personne à l'autre… Et puis finalement, doit-on vraiment chercher à tout définir selon elles ? Savoir garder une part pour soi est aussi important, tout n'a pas à être exposé aux yeux de tous : occulte signifie « ce qui est caché, qui se garde secret » ou « qui est inconnu par nature ».

Si l'on se réfère à ce que certains appellent la « sorcellerie traditionnelle », il existe trois types d'autel de base :

- Celui qui est dédié aux pouvoirs des forces élémentales ;
- Celui qui est dédié aux pouvoirs d'un ou plusieurs esprits ;
- Celui qui combine les deux.

Sans vous dire quoi faire, il est toujours possible de partager des idées, ou même des constats. De toute façon, vous verrez au fur et à mesure de votre pratique que votre autel évoluera, et il peut aussi changer en fonction des occasions, les esbats, sabbats et autres célébrations par exemple.

Voici donc quelques idées qui pourront vous aider lorsque vous débutez.

Les éléments de l'autel

Premier conseil : ne vous précipitez pas dans les magasins ou sur les boutiques qu'on trouve sur Internet. C'est le meilleur moyen pour recevoir un coup de fil de sa banque et avoir une quantité d'objets qui finalement ne nous parlent plus, ou qui ne nous conviennent pas. Que vous soyez très manuel ou pas, c'est le moment de bidouiller un peu, ou glaner des éléments à droite et à gauche. Baladez-vous dans des lieux qui vous parlent, dans des vide-greniers etc., cela vous permettra déjà de ne pas dépenser trop, mais aussi de vous concentrer sur ce qui compte le plus : vos intentions au moment de monter votre autel. Par exemple, personnellement, l'athamé n'est pas quelque chose que j'aime utiliser, je trouve la baguette plus « polie ». Par contre, ma bolline ne me quitte jamais et c'est l'un de mes objets magiques favoris, ainsi que mon balai. Pas sur l'autel certes, mais vous avez l'idée.

Les couleurs

Les couleurs transmettent des messages, des intentions, aussi bien dans la vie que dans les rituels. La couleur de vos bougies, de la nappe de l'autel, de vos pierres, fleurs et autres objets peut apporter du sens à la construction de votre autel, en fonction de votre « but ». Ne soyez pas non plus obsédé par une couleur : si vous voulez ajouter quelque chose sur votre autel qui fait sens au niveau symbolique ou actif (par exemple, une pierre), mais qu'elle n'a pas LA couleur que vous vouliez, respirez un coup, et posez l'objet qui vous appelle sur votre autel. Tout va bien se passer, la terre ne va pas s'ouvrir et vous engloutir. Quoi que.

Note : En fonction des pays, les significations sont susceptibles de varier, mais voici les associations de couleurs que j'ai trouvées en me basant sur la sorcellerie occidentale moderne des pays anglophones (différentes de celles de la magie folklorique).

NOIR *Bannissement, éloigne l'énergie malfaisante, vengeance, renversement de sortilèges*	**ROSE** *Affection, famille, amour et générosité*
BLEU *Communication, télépathie, concentration, guérison, sagesse*	**MAUVE/VIOLET** *Énergie spirituelle, guérison, habiletés psychiques avancées, paix et calme*
BRUN *Procès, contrats, affaires légales*	**OR** *Soleil, énergie masculine, abondance, bonheur, bonheur de la famille et succès*
ROUGE *Amour, vitalité, force*	**ARGENT** *Lune, énergie féminine, abondance*
VERT *Abondance, prospérité, bonne fortune, succès, évolution, activités financières*	**BLANC** *Protection, guérison, exorcisme et paix*
ORANGE *Nettoyage, guérison, fertilité, abondance*	**JAUNE** *Connaissance, étude et concentration*

Les autels à thème

Ce sont des autels qui changent régulièrement en fonction de votre envie. Peut-être voulez-vous installer un autel dédié à une ou plusieurs divinités qui vous touchent et à qui vous avez envie de communiquer votre respect ou faire une offrande (attention toutefois à ne pas mettre n'importe qui ensemble) ? Voulez-vous adresser un message aux personnes qui vous sont chères, qu'elles vous aient quitté ou non ? Est-ce que c'est un moment particulier de l'année que vous voulez célébrer, comme un sabbat par exemple ?

Les autels « vivants »

Ce que j'appelle « autel vivant », c'est un autel où il y aura quelques éléments présents de façon systématique, avec une partie qui évoluera en fonction des floraisons, des célébrations, des travaux, etc. On le reconnaîtra au fil du temps grâce à des éléments constants mais, à la façon d'un individu, il évoluera. Sa caractéristique principale, c'est son aspect très végétal, fleuri. Ce type d'autel est parfois considéré comme un peu chargé, mais ça, c'est à vous de voir !

Les autels de voyage

Voilà une bonne façon de cacher son autel quand on vit avec des gens qui ne sont pas forcément réceptifs à cet aspect de notre vie. C'est un concept intéressant, car il va falloir que vous fournissiez un petit travail personnel, une petite introspection magique. Quels sont les éléments vraiment décisifs dans votre pratique ? Quelle boîte/contenant choisir ? Un faux livre pour le balader avec soi ? Une boîte d'allumettes pour être sûr de la glisser partout ? Une boîte en métal ? En bois ? Comme pour le reste, vos éléments magiques vont vous « appeler ». Laissez votre instinct vous guider, ne cherchez pas à tout intellectualiser. Après tout, nous sommes reliés aux énergies et éléments, donc si on sait taire le mental, tout ce joyeux petit monde nous glissera des indices ici et là.

Quand on n'a vraiment pas les moyens, mais qu'on n'est pas à court d'idées, on peut aussi dessiner son autel dans son grimoire/livre des ombres, comme je vous le propose ici. Pour en savoir plus, il suffit de tourner la page. Le suspens est à son comble, je sais.

Sel

Correspondances de l'élément Terre

Direction : Nord

Signes : Taureau, Vierge, Capricorne

Saison : hiver

Astres : Terre, Lune

Moment de la journée : nuit

Période de la vie : grossesse, naissance

Couleurs : vert, marron

Métaux : argent, plomb

Sur l'autel : pentacle, sel, pierre

Croissance
Stabilité
Abondance
Argent
Prospérité
Fertilité
Corps physique
Naissance
Bien matériel
Travail
Gain matériel
Finances
Jardinage
Pierres
Animaux
Runes
Force physique

Divinités

Ceridwen
Déméter
Gaïa
Cérès
Rhiannon
Perséphone
Épona
Prithvi
Pan
Cernunnos
Herne
Thoth
Adonis
Dumuzi
Dionysos
Athos

Animaux

Vache/bison/buffle
Cerf
Chien
Cheval
Fourmi
Loup
Ours

Pierres

Émeraude
Onyx
Jaspe
Tourmaline
Œil-de-tigre
Quartz
Azurite

Plantes

Cèdre
Cyprès
Magnolia
Blé
Sauge
Chêne
Noisettes
Lierre
Chèvrefeuille
Patchouli
Vétiver

Encens

Correspondances de l'élément Air

Direction : Est

Signes : Gémeaux, Verseau, Balance

Saison : printemps

Astres : Jupiter, Vénus

Moment de la journée : aube

Période de la vie : jeunesse

Couleurs : jaune, bleu clair, gris

Métaux : cuivre, étain

Sur l'autel : baguette, encens

Esprit/mental
Travail psychique
Intuition
Connaissance
Abstraction
Créativité
Vent
Souffle
Nuages
Inspiration
Ouïe
Purification
Mémoire
Télépathie
Commencement
Retrouver ce qui est perdu
Pensée

Divinités

Morrígan
Athéna
Uranie
Nyx
Cardea
Aradia
Hermès
Thoth
Mercury
Shou
Kheohera
Enlil

Animaux

Oiseaux
Chauve-souris
Insectes volants
Araignées

Pierres

Aventurine
Topaze
Fluorite
Cristaux clairs
Améthyste

Plantes

Acacia
Anis
Tremble
Benjoin
Trèfle
Aneth
Oliban
Myrrhe
Lavande
Citronnelle
Pin
Verveine
Violette
Achillée

Correspondances de l'élément Feu

Direction : Sud

Signes : Bélier, Lion, Sagittaire

Saison : été

Astres : Mars, Soleil

Moment de la journée : milieu de la journée

Période de la vie : adulte

Couleurs : rouge, orange, doré

Métaux : or, fer

Sur l'autel : athamé, bougies

Énergie
Sexualité
Passion/luxure
Amour
Autorité
Soleil
Sang
Pouvoir
Transformation
Purification
Flammes
Feux de joie
Protection
Courage
Force
Exercice physique
Loyauté
Volonté

Divinités

Brigid
Pelé
Vesta
Freyja
Hestia
Morrígan
Agni
Râ
Héphaïstos
Horus
Prométhée
Vulcain

Animaux

Lion
Salamandre
Dragon
Phœnix
Renard
Coyote

Pierres

Jaspe rouge
Héliotrope
Quartz
Rubis
Agate
Cornaline
Grenat

Plantes

Basilic
Piment
Cactus
Poivre rouge
Cannelle
Ail
Hibiscus
Genévrier
Moutarde
Orties
Orange
Oignons
Citron
Poivrons

Correspondances de l'élément Eau

Direction : Ouest

Signes : Cancer, Scorpion, Poissons

Saison : automne

Astres : Saturne, Mercure

Moment de la journée : crépuscule

Période de la vie : fin de vie

Couleurs : argenté, bleu, noir, violet

Métaux : mercure

Sur l'autel : chaudron, calice

Émotivité
Amour
Inconscient
Perceptions
Utérus
Rêves
Pouvoirs psychiques
Purification
Quêtes spirituelles
Corps liquides
Amitié
Féminin Sacré
Menstruations
Mystères
Nettoyage
Guérison
Purification
Réflexion

Divinités

Aphrodite
Isis
Mariamne
Mari
Tiamat
Yemayá
Sedna
Kupala
Dylan Eil Ton
Ea
Manannán Mac Lir
Osiris
Neptune
Poséidon
Varuna

Animaux

Poisson
Tortue
Fruits de mer
Narval
Serpent
Mouette
Grenouille

Pierres

Aigue-marine
Topaze bleue
Perle
Corail
Pierre de lune
Lapis-lazuli
Sodalite

Plantes

Nénuphars
Algues
Saules
Aloe vera
Pommier
Cataire
Camomille
Fougères
Laitue
Lilas
Lotus
Rose
Gardénia
Mousse

Inviter les éléments dans la Magie des fourneaux

Voici une idée simple et ludique pour travailler avec les éléments (créer un cercle, voir chapitre suivant), quelle que soit la taille de votre cuisine ! Si c'est la première fois que vous le faites, invitez chaque élément à la suite. Pour le futur, si vous le souhaitez, refaites à chaque saison le pot de l'élément correspondant, ils seront plus puissants. Prenez quatre petits pots en verre de la taille d'un pot de yaourt ou de confiture miniature si vous êtes dans un espace très restreint. Dans un mortier ou un mixeur, réduisez en poudre plus ou moins fine en fonction de votre préférence des ingrédients secs qui représentent l'élément que vous invitez dans votre pratique. Vous pouvez les faire dans l'ordre que vous désirez, suivez votre instinct. Posez vos mains autour ou au-dessus et dites :

Élément (nom de l'élément choisi),

Je t'invite, je t'appelle et je t'invoque.

Puissions-nous incarner ensemble :

Choisissez la phrase en fonction de l'élément que vous travaillez

(Air) les tornades et brises,

(Eau) les torrents et les rivières,

(Terre) les ronces et les sols fertiles,

(Feu) les incendies et les feux de cheminée,

Transvasez le mélange dans le pot.

Élément (nom de l'élément choisi),

Je t'invite, je t'appelle et je t'invoque.

Lorsque je ferme ta maison, tu sommeilles.

Lorsque je l'ouvre, tu t'éveilles.

Ici commence notre alliance.

Fermez le pot et recommencez pour l'élément suivant. Déposez-les dans votre cuisine le plus proche possible des points cardinaux. Dans le sortilège d'activation, vous seul·e pouvez appeler les éléments, cela empêchera une personne de se retrouver en mauvaise posture en ouvrant le pot par curiosité. N'hésitez pas à modifier la formule si vous le souhaitez, tout ce que je vous partage dans cet ouvrage n'est pas écrit dans le marbre et peut évoluer.

Suggestions tirées de La Cuisine wiccane *de Scott Cunningham*

Air	*Eau*	*Terre*	*Feu*
Anis, carvi, chicorée, curcuma, marjolaine, menthe poivrée, origan, persil, pissenlit, sauge, amande, marron/châtaigne, noisette, noix de pécan, pignon de pin, pistache.	Cardamome, mouron des oiseaux, pavot, réglisse, rose, thym, vanille, noix de coco, noix de macadamia.	Macis, cacahuète, noix du brésil.	Ail, aneth, basilic, cannelle, clou de girofle, coriandre, cumin, fenouil, gingembre, laurier, moutarde, muscade, piment de la Jamaïque, poivre noir, raifort, romarin, souci, safran, noix, noix de cajou, sésame.

Ouvrir un cercle de pratique

Ouvrir un cercle de pratique de manière générale

Que vous pratiquiez la sorcellerie au sens large ou que vous apparteniez à une branche précise, il y a de grandes chances que vous entendiez parler de cercle que nous ouvrons et que nous fermons. Pour beaucoup, il fait partie intégrante de la pratique de la magie, car en général nous devons ouvrir un cercle avant toute activité magique. Mais à quoi sert-il ? Tracer un cercle permet de créer une barrière invisible d'énergie qui empêche les énergies négatives de pénétrer dans votre espace magique. De plus, il agit comme une serre : il conserve et amplifie les énergies positives que vous invitez à vos côtés à l'intérieur, que cela soit ceux de mages, d'éléments ou de divinités. Et puis, personnellement, je trouve que c'est une bonne façon de se préparer pour le rituel, cela aide à créer une atmosphère magique. Notons cependant qu'il existe des endroits « naturels » plus propices à la magie qui ne nécessitent peut-être pas de cercle magique, mais il en existe aussi des dangereux... Donc soyez prudents et, en cas de doute, tracez votre cercle ! Vous trouverez dans les pages suivantes des idées d'associations et les points cardinaux qui y sont généralement associés.

MATÉRIEL

- Une représentation de l'élément Terre
- Une représentation de l'élément Air
- Une représentation de l'élément Eau
- Une représentation de l'élément Feu
- Une baguette ou athamé (ou encore l'index de votre main, si vous préférez)
- Une boussole ou application pour savoir où se trouvent les points cardinaux
- Vous pouvez prendre une corde, des herbes fraîches, des petites bougies (attention à ne pas enflammer la maison !) ou des cristaux pour délimiter votre cercle de façon plus physique

N'oubliez pas de prendre le matériel dont vous aurez besoin pour le travail magique que vous voudrez faire dans le cercle !

Ouvrir un cercle

Personnellement, je commence toujours par nettoyer physiquement la pièce dans laquelle je pratique, s'il le faut avec du sel noir de sorcière. Ensuite, je fais un ménage au niveau des énergies avec mon balai, de la musique et parfois de l'encens. Vous pouvez aussi chanter/jouer d'un instrument ou encore, comme je le fais parfois pour purifier une pièce, dessiner des sigils avec des bâtons d'encens ou votre baguette. J'ai tendance à être tête en l'air, alors je rassemble tout ce dont j'ai besoin pour mon rituel, l'installe au niveau de l'espace de travail que j'ai prévu et je vérifie que tout est bien là. J'éteins mon téléphone et m'éloigne de toute distraction possible, me lave et prends une tenue propre avec des couleurs neutres ou qui correspondent à ce que je veux travailler. Enfin, je finis par une courte méditation et c'est parti pour l'ouverture du cercle !

Si c'est la première fois que vous ouvrez un cercle (ou qu'il s'agit d'un nouveau lieu), n'hésitez pas à sortir une boussole pour repérer les points cardinaux. Une fois que c'est fait, visualisez la taille de votre cercle, en sachant qu'en réalité, plus qu'un cercle, vous allez créer une bulle. Et n'oubliez pas que vous allez vous tenir debout dans cette bulle, donc n'en faites pas une de 1 mètre de diamètre si vous mesurez 1,70 mètre ou si vous allez devoir bouger dedans.

Note : Si vous habitez en appartement, sachez que votre cercle va traverser les murs et que cela peut créer des interférences avec les personnes vivant autour de chez vous... mais aussi faire aboyer le chien du voisin !

Prenez quelques instants pour vous concentrer sur ce que vous vous apprêtez à faire. Prenez conscience de l'environnement qui vous entoure en vous visualisant en train de déposer les représentations que vous avez choisies pour chaque élément, sur le tracé de votre cercle et à l'endroit correspondant à chaque point cardinal. Lorsque vous vous sentez prêt, commencez par le nord.

Note : Je ne vous partage pas d'invocations toutes faites, car les miennes sont très personnelles (petit instant de pudeur, que voulez-vous) et il y a assez de livres et blogs qui en proposent pour que vous en trouviez qui vous parlent.

Invocation du nord

Debout à l'intérieur du futur cercle, je me place face au nord (si vous avez une baguette ou un athamé que vous souhaitez utiliser, c'est le moment de le sortir) et je prononce mon invocation. Je dépose ensuite ma représentation de l'élément Terre, avant de visualiser la matérialisation de l'élément. Si vous souhaitez matérialiser le cercle par une corde, des cristaux, herbes fraîches ou autre, prenez-en un peu et éparpillez-les jusqu'au point est, sinon tracez un trait avec votre athamé ou votre baguette.

Invocation de l'est

Ensuite, je me place face à l'est et je récite mon invocation, avant de déposer ma représentation de l'Air, en utilisant la visualisation pour l'apparition de l'élément.

Continuez de tracer votre cercle jusqu'au point sud.

Invocation du sud

Face au sud, j'invoque l'élément Feu en déposant la représentation choisie. Je visualise l'apparition de l'élément (d'ailleurs, je dis « élément », mais cela peut tout aussi bien être un mage, un animal ou autre, en fonction de votre ressenti). Continuez le tracé de votre cercle jusqu'au point ouest.

Invocation de l'ouest

Vous l'aurez compris, sans surprise, je me tourne vers l'ouest et j'invoque l'élément Eau de la même façon que les autres, avant de fermer le cercle en finissant le tracé jusqu'au nord.

Consolidation du cercle

Ce n'est pas fini ! Placez-vous au centre du cercle, en visualisant tous les éléments que vous venez d'inviter. Restez concentré et consolidez votre cercle en visualisant une barrière qui monte et se ferme au-dessus de votre tête de façon à former une bulle. Cette bulle devra être mentalement construite pour être aussi imperméable qu'impénétrable. Pour information, certaines personnes la visualisent comme un dôme de couleur et d'autres comme un pilier montant de manière infinie vers le ciel. Comme pour l'ensemble de ce rituel, vous avez le champ libre en ce qui concerne la manière dont vous vous la représentez.

Je récite une dernière invocation/bénédiction en parlant à la divinité ou entité qui m'accompagne dans mes travaux magiques. L'ouverture de votre cercle magique est ensuite terminée et il est temps de passer à votre rituel.

NOTES : Il n'est habituellement pas conseillé qu'une entité extérieure (personne, animal ou objet) pénètre dans le cercle une fois que ce dernier a été créé. De la même manière, il n'est pas conseillé d'en sortir. Mais la vie étant ce qu'elle est, il vous arrivera certainement, un beau jour, de devoir enfreindre cette règle. Pour ce faire, il vous est possible de trancher une porte à travers le cercle magique en utilisant votre athamé ou un autre outil magique, de préférence tranchant. Visualisez ainsi une mince ouverture vous permettant de sortir rapidement du cercle. Une fois sorti, consolidez cette ouverture. Répétez la même procédure pour retourner dans le cercle, comme vous le feriez pour refermer votre tente de camping.

Il m'arrive parfois de manquer de concentration et de ne pas sentir la présence de l'élément invoqué. Quand c'est comme ça, je ne dépose pas la représentation, je procède à l'invocation une seconde fois. Si, toutefois, l'élément ne se manifeste toujours pas, je cesse mon rituel et prends cela comme un message : ce n'est pas le bon moment.

Certains rituels d'ouverture de cercle commencent par l'est plutôt que le nord. Si vous êtes plus à l'aise et que cela fait plus sens pour vous, n'hésitez pas à adopter cette manière de faire.

Ouvrir un cercle en magie des fourneaux

Pour commencer, je vous invite à vous laver les mains au minimum avant de commencer, veillez à être présentable. Les esprits méritent autant de respect que les vivants, c'est important. Rassemblez votre matériel, vos ingrédients et grimoires dans votre cuisine, nous allons ouvrir le cercle. Positionnez-vous devant le premier élément et ouvrez le pot :

Élément (nom de l'élément),

Je t'invite, je t'appelle et je t'invoque, ici et maintenant :

Ouvrez le pot et choisissez la phrase en fonction de l'élément que vous travaillez

Air, fais-toi tornade contre ces murs
et protège ma magie,
Eau, fais-toi torrent contre ces murs
et protège ma magie,
Terre, fais-toi ronce contre ces murs
et protège ma magie,
Feu, fais-toi incendie contre ces murs
et protège ma magie,

Dirigez vous vers le pot suivant en imaginant l'élément s'étendre depuis votre pot vers le sol et le plafond sous sa forme élémentale citée ci-dessus (tornade, torrent...)

Élément (nom de l'élément),

Merci de répondre à mon appel.

Passez à l'élément suivant.

Une fois le cercle complet, jetez une pincée de sel au sol, puis une en l'air (faites attention à vos yeux) :

Dans cet espace et cet instant, toute entité
n'ayant pas de bonnes intentions envers moi ou ma magie
est expulsée et ne peut interférer.
Je suis sorcière et ma volonté sera.

Allumez votre chandelle et la musique, il est temps de mettre son tablier et de passer à la cuisine !

Fermer un cercle de pratique

Fermer un cercle de pratique de manière générale

Comme tout n'est que dualité, il va sans dire qu'un cercle magique, après avoir été créé, doit être dissous. Alors que l'ouverture d'un cercle magique vise l'agglomération et la concentration des énergies, la fermeture du cercle vise quant à elle à dissiper ces énergies tout en remerciant les différentes entités qui vous ont prêté leur pouvoir au cours du rituel. C'est une façon de rééquilibrer votre environnement : s'il est trop fort en énergie, cela peut occasionner autant de problèmes qu'un environnement qui n'en contient presque pas. Ne pas fermer le cercle serait, pour moi, une certaine forme d'irrespect, comme si quelqu'un vous appelait pour un service et vous laissait sur le pas de la porte sans un au revoir ou un merci.

Remercier l'ouest

Cette fois-ci, je pars dans le sens inverse en commençant par l'ouest. Je remercie l'élément Eau et le visualise en train de partir, s'évaporer ou autre en fonction de ce que vous avez invoqué. Je ramène de quelques centimètres vers moi la représentation de l'élément Eau, mais je laisse la délimitation du cercle physique.

Remercier le sud

Je poursuis avec l'élément Feu situé au sud, en le remerciant lui aussi et en décalant une fois de plus la représentation de l'élément. C'est ma façon de représenter la baisse de concentration d'énergie du cercle. Gardez la délimitation du cercle physique.

Remercier l'est

Répétez le même schéma avec l'élément Air situé à l'est : remerciez-le et laissez-le partir. Gardez la délimitation du cercle, que cela soit par la visualisation ou la présence d'éléments permettant de ne pas dilapider l'énergie qui a été accumulée durant le rituel.

Remercier le nord

Terminez par le nord, qui est pour moi l'élément Terre.

Bannissement du cercle

Pour terminer, vous pouvez prendre votre athamé, baguette ou main et, en commençant par l'ouest, tracer un cercle dans le sens contraire des aiguilles d'une montre. Au fur et à mesure que vous effacez le cercle, imaginez et visualisez que l'énergie du cercle est progressivement aspirée dans votre outil magique. Si vous avez tracé un cercle physique, posez votre outil magique sur chaque élément ou entre les différents points cardinaux. Continuez la rotation antihoraire jusqu'à retourner à l'ouest. Placez-vous ensuite au centre de ce qui était votre cercle magique, et prononcez une incantation ayant pour but de dissiper les énergies restantes et de vous reconnecter à la Terre.

Je finis par un coup de balai de sorcière et une méditation lorsque je range mon matériel.

Fermer un cercle en magie des fourneaux

Le travail magique est terminé, mais il faut d'abord fermer le cercle ! Commencez par ranger la cuisine (il est possible de le faire pendant la cuisson ou avant de servir), vous pouvez nettoyer les surfaces avec une préparation chargée par vos soins.

Élément (nom de l'élément),

Je te libère et tu te rendors, ici et maintenant :

Choisissez la phrase en fonction de l'élément que vous travaillez

Air, fais-toi brise douce et guide ma magie
pour qu'elle s'accomplisse,
Eau, fais-toi ruisseau et guide ma magie
pour qu'elle s'accomplisse,
Terre, fais-toi terre fertile et guide ma magie
pour qu'elle s'accomplisse,
Feu, fais-toi feu rassurant et guide ma magie
pour qu'elle s'accomplisse,

Visualisez chaque élément se dissoudre progressivement et se concentrer dans le pot de l'élément concerné

Élément (nom de l'élément),

Merci d'avoir répondu à mon appel.

Fermez le pot et passez à l'élément suivant.

Au moment d'éteindre la chandelle (si vous en avez utilisé une) :

Dans cet espace et dès cet instant,

Ma magie fait loi et par tous les moyens se réalisera.

J'incarne la magie et la magie s'incarne à travers moi.

Que le destin s'accomplisse.

Soufflez votre chandelle, à table !

Travaux et phases de la lune

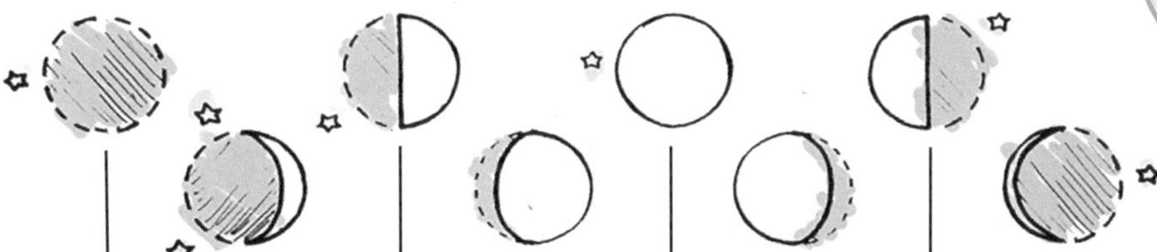

NOUVELLE LUNE
Divination
Malédiction
Bannissement
Renouveau
Moi profond

PREMIER CROISSANT
Attraction
Chance
Amitié
Succès
Richesse

PREMIER QUARTIER
Créativité
Divination
Motivation
Force/
Volonté
Concentration

GIBBEUSE CROISSANTE
Santé
Attraction
Succès
Motivation
Force physique

PLEINE LUNE
Guérison
Purification
Croissance
Amour
Équilibre

GIBBEUSE DÉCROISSANTE
Abandon
Bannissement
Purification
Conjuration
Défaire/Dénouer

DERNIER QUARTIER
Rompre
une habitude
Shadow work
Résistances
Écoute des
émotions
et désirs
Libération

DERNIER CROISSANT
Équilibre
Succès
Sagesse
Pardon
Guérison

Lorsque vous voyez apparaître ce petit cristal, il est temps de penser à purifier vos pierres afin de les recharger à la lune.

Différents noms des pleines lunes

Mois	*Néopaïens*	*Anglais médiéval*	*Coloniers américaines*
Janvier	Lune des Glaces	Lune de Loup	Lune d'Hiver
Février	Lune des Neiges	Lune des Tempêtes	Lune du Trappeur
Mars	Lune de la Mort	Lune chaste	Lune du Poisson
Avril	Lune de l'Éveil	Lune des Semences	Lune du Planteur
Mai	Lune des Herbes	Lune du Lièvre	Lune de Lait
Juin	Lune des Plantations	Lune de Diane	Lune rose
Juillet	Lune rose	Lune de l'Hydromel	Lune de l'Été
Août	Lune lumineuse	Lune de Maïs	Lune du Jour du Chien
Septembre	Lune des Récoltes	Lune de l'Orge	Lune des Récoltes
Octobre	Lune de Sang	Lune de Sang	Lune du Chasseur
Novembre	Lune des Arbres morts	Lune des Neiges	Lune du Castor
Décembre	Lune des Longues Nuits	Lune du Chêne	Lune de Noël

Dakota Sioux	*Cherokee*	*Choctaw*	*Chine*
Lune du Terrible	Lune froide	Lune de la Cuisine	Lune du Congé
Lune du Raton laveur	Lune maigre	Lune de la Petite Famine	Lune des Bourgeons
Lune de la Neige brillante	Lune venteuse	Lune de la Grande Famine	Lune du Sommeil
Lune du Retour des Oies	Lune des Fleurs	Lune du Chat sauvage	Lune de la Pivoine
Lune des Feuilles vertes	Lune des Plantations	Lune de la Panthère	Lune du Dragon
Lune des Baies mûres	Lune du Grain vert	Lune venteuse	Lune du Lotus
Lune du Milieu d'été	Lune du Grain mûr	Lune de la Grue	Lune du Fantôme affamé
Lune où tout est mûr	Lune des Légumes	Lune de la Femme	Lune des Récoltes
Lune où les veaux grandissent	Lune des Noisettes	Lune de la Mûre	Lune des Chrysanthèmes
Lune où la broderie s'achève	Lune des Récoltes	Lune de la Groseille	Lune sympathique
Lune où les cornes se brisent	Lune du Commerce	Lune du Laurier	Lune blanche
Douzième lune	Lune des Neiges	Lune de la Pêche	Lune amère

Calendrier lunaire 2023

La lune est une incroyable alliée… quand on sait l'écouter et danser à son rythme. Si on va à contre-courant, elle risque de bien vous marcher sur les pieds et vous allez le sentir !

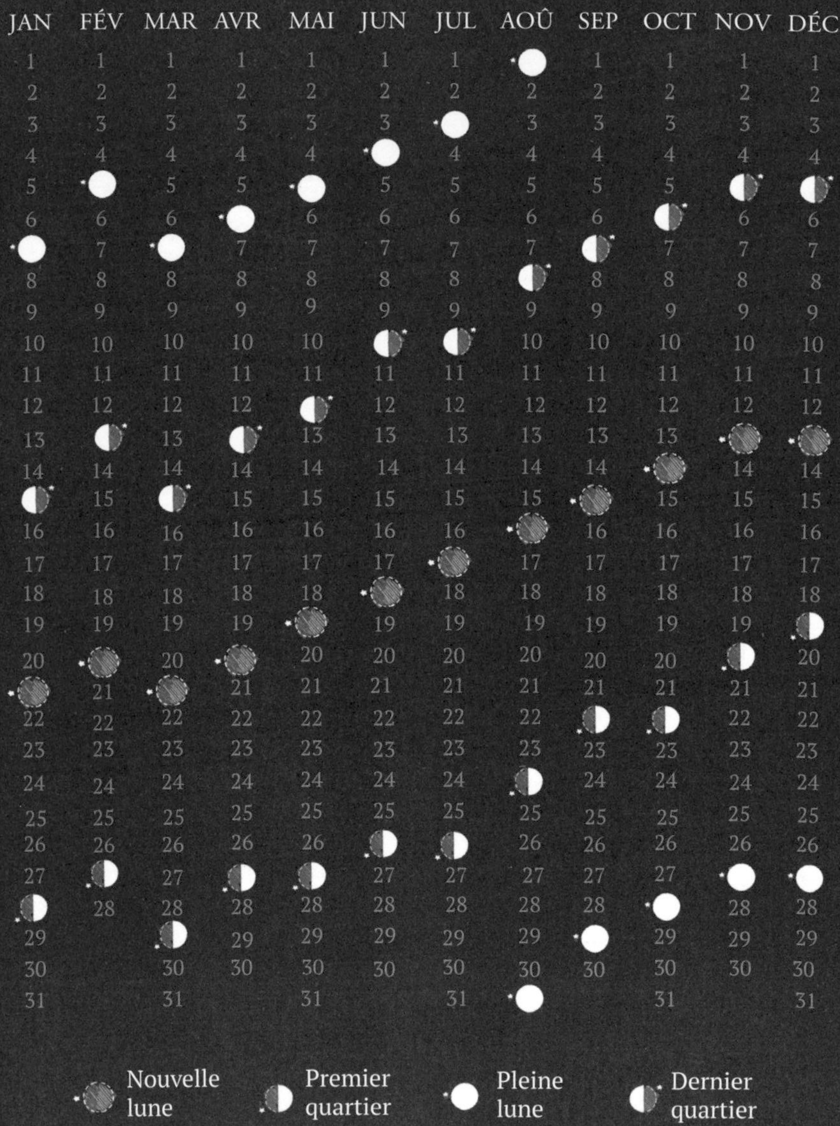

Travaux et cycle solaire

Si la Lune et ses phases sont souvent des alliées évidentes pour la pratique sorcière, j'avoue adorer inviter celles du Soleil dans la magie des fourneaux. Bien qu'il soit reconnu comme un archétype masculin pour la plupart des pratiquants, saviez-vous que Soleil en allemand, *Sonne*, est féminin ? D'ailleurs, nous retrouvons parfois le Soleil sous des traits féminins et l'archétype Lune vêtue de traits masculins, comme dans la mythologie nordique. Enfants du dieu Mundilfari, Sól est la déesse du Soleil et Máni, son frère, le dieu de la Lune. Voici une proposition de correspondances concernant le cycle journalier du Soleil (celles-ci sont personnelles).

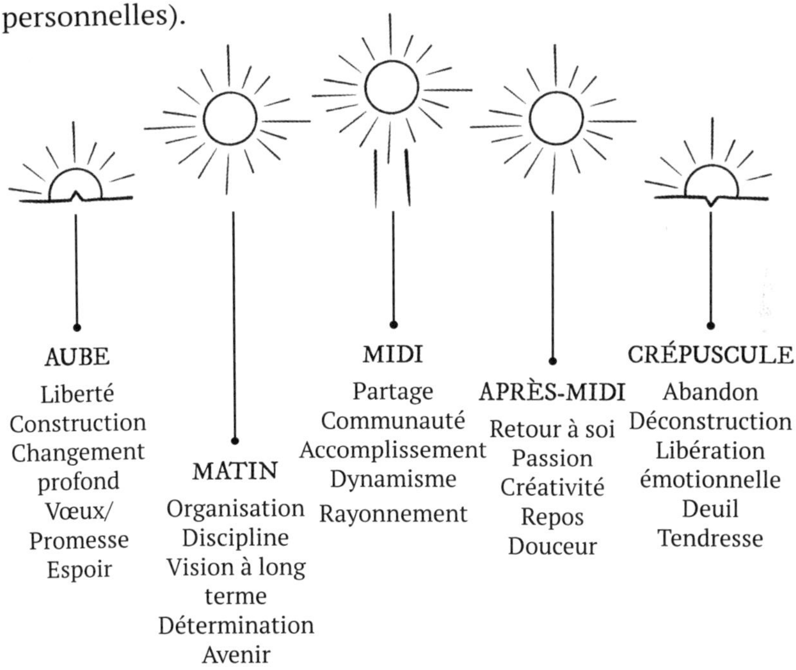

Traqueur de victoire

Lorsque vous avez vraiment l'impression d'avoir fait, ressenti ou appris quelque chose de fort (ou qui vous rend heureux ou fier) concernant votre pratique, colorez un objet et notez à quoi il correspond. Il y a parfois des victoires qui semblent minimes pour d'autres, mais qui seront de grands pas pour vous. Cet espace est le vôtre, alors notez-les !

MAGIC
COOK BOOK
Italian Food
Chef's Recipes

Janvier

L	M	M	J	V	S	D
						1
2	3	4	5	6	7	8
9	10	11	12	13	14	15
16	17	18	19	20	21	22
23	24	25	26	27	28	29
30	31					

Février

L	M	M	J	V	S	D
		1	2	3	4	5
6	7	8	9	10	11	12
13	14	15	16	17	18	19
20	21	22	23	24	25	26
27	28					

Mars

L	M	M	J	V	S	D
		1	2	3	4	5
6	7	8	9	10	11	12
13	14	15	16	17	18	19
20	21	22	23	24	25	26
27	28	29	30	31		

Avril

L	M	M	J	V	S	D
					1	2
3	4	5	6	7	8	9
10	11	12	13	14	15	16
17	18	19	20	21	22	23
24	25	26	27	28	29	30

Mai

L	M	M	J	V	S	D
1	2	3	4	5	6	7
8	9	10	11	12	13	14
15	16	17	18	19	20	21
22	23	24	25	26	27	28
29	30	31				

Juin

L	M	M	J	V	S	D
			1	2	3	4
5	6	7	8	9	10	11
12	13	14	15	16	17	18
19	20	21	22	23	24	25
26	27	28	29	30		

JUILLET

L	M	M	J	V	S	D
					1	2
3	4	5	6	7	8	9
10	11	12	13	14	15	16
17	18	19	20	21	22	23
24	25	26	27	28	29	30
31						

AOÛT

L	M	M	J	V	S	D
	1	2	3	4	5	6
7	8	9	10	11	12	13
14	15	16	17	18	19	20
21	22	23	24	25	26	27
28	29	30	31			

SEPTEMBRE

L	M	M	J	V	S	D
				1	2	3
4	5	6	7	8	9	10
11	12	13	14	15	16	17
18	19	20	21	22	23	24
25	26	27	28	29	30	

OTOBRE

L	M	M	J	V	S	D
						1
2	3	4	5	6	7	8
9	10	11	12	13	14	15
16	17	18	19	20	21	22
23	24	25	26	27	28	29
30	31					

NOVEMBRE

L	M	M	J	V	S	D
		1	2	3	4	5
6	7	8	9	10	11	12
13	14	15	16	17	18	19
20	21	22	23	24	25	26
27	28	29	30			

DÉCEMBRE

L	M	M	J	V	S	D
				1	2	3
4	5	6	7	8	9	10
11	12	13	14	15	16	17
18	19	20	21	22	23	24
25	26	27	28	29	30	31

Différentes dates et célébrations

Il en manquera sans doute, mais j'ai essayé de regrouper ici des dates et célébrations qui peuvent vous être utiles.

Jours fériés en France

DIM 1ER JAN	- Premier de l'An
LUN 10 AVR	- Lundi de Pâques
LUN 1ER MAI	- Fête du Travail
LUN 8 MAI	- Victoire de 1945
JEU 18 MAI	- Ascension
LUN 29 MAI	- Lundi de Pentecôte
VEN 14 JUIL	- Fête nationale
MAR 15 AOÛ	- Assomption
MER 1ER NOV	- Toussaint
SAM 11 NOV	- Armistice de 1918
LUN 25 DÉC	- Noël

Jours fériés en Belgique

DIM 1ER JAN	- Premier de l'An
LUN 10 AVR	- Lundi de Pâques
LUN 1ER MAI	- Fête du Travail
JEU 18 MAI	- Ascension
LUN 29 MAI	- Lundi de Pentecôte
VEN 21 JUIL	- Fête nationale
MAR 15 AOÛ	- Assomption
MER 1ER NOV	- Toussaint
SAM 11 NOV	- Armistice de 1918
LUN 25 DÉC	- Noël

Jours de Sabbat

MER 1ER FÉV	- Imbolc
LUN 20 MAR	- Ostara
LUN 1ER MAI	- Beltane
MER 21 JUIN	- Litha
MAR 1ER AOÛ	- Lugnasad
SAM 23 SEP	- Mabon
MAR 31 OCT	- Samhain
VEN 22 DÉC	- Yule

Jours fériés en Suisse

DIM 1ER JAN	- Premier de l'An
VEN 7 AVR	- Vendredi saint
LUN 10 AVR	- Lundi de Pâques
JEU 18 MAI	- Jeudi de l'Ascension
LUN 29 MAI	- Lundi de Pentecôte
MAR 1ER AOÛ	- Fête nationale
JEU 7 SEPT	- Jeûne genevois
LUN 25 DÉC	- Noël

Célébrations juives

DIM 5 FÉV	- Tou Bichvat
LUN 6 MAR	- Pourim
5–13 AVR	- Pessa'h
LUN 8 MAI	- Lag Ba'omer
25–27 MAI	- Chavouot
26–27 JUIL	- Tisha Beav
15–17 SEP	- Roch Hachana
24–25 SEP	- Yom Kippour
29 SEP – 6 OCT	- Souccot
7-8 OCT	- Sim'hat Torah
7–15 DÉC	- Hanoucca

Célébrations musulmanes

SAM 18 FÉV	- Al Isrâ' wal Mi' râj
MER 8 MARS	- Laylat ul Bara'ah
22 MARS – 21 AVR	- Ramadan
LUN 17 AVR	- Laylat al Qadr
21–22 AVR	- Aïd el-Fitr
28 JUIN – 2 JUIL	- Aid el-Kébir
MER 19 JUIL	- Ra's as-Sana
27–28 JUIL	- Achoura
26–27 SEPT	- Mawlid

Célébrations catholiques

VEN 6 JAN	- Épiphanie
JEU 2 FÉV	- Chandeleur
MAR 21 FÉV	- Mardi gras
MER 22 FÉV	- Les Cendres
22 FÉV – 6 AVR	- Carême
SAM 25 MAR	- Annonciation
DIM 2 AVR	- Les Rameaux
JEU 6 AVR	- Jeudi saint
VEN 7 AVR	- Vendredi saint
DIM 9 AVR	- Pâques
JEU 18 MAI	- Ascension
DIM 28 MAI	- Pentecôte
MAR 15 AOÛ	- Assomption
MER 1ER NOV	- Toussaint
JEU 2 NOV	- Fête des Morts
LUN 25 DÉC	- Noël

Cuisine Sorcière

Cet espace est réservé à vos livres de cette année. Les deux options d'utilisation sont les suivantes : certains notent directement les livres achetés sur les tranches des livres ci-dessous, et les colorient une fois qu'ils les ont lus. Certains préfèrent noter les titres et les colorier directement en choisissant leur couleur par thème. À vous de choisir !

Tea

Sel

1er Trimestre

Janvier - Février - Mars

Sous le signe de la Terre

Janvier

L	M	M	J	V	S	D
						1
2	3	4	5	6	7	8
9	10	11	12	13	14	15
16	17	18	19	20	21	22
23	24	25	26	27	28	29
30	31					

Alliée du mois : orange (amour, divination, change, argent)

Une nouvelle année commence ! Écrivez vos vœux pour l'année sur des feuilles d'oranger sèches avant de les brûler. Récupérez la cendre pour y rouler une chandelle orange et infuser tout au long de l'année vos souhaits.

Phases lunaires :

- 7 : Pleine lune
- 15 : Dernier quartier
- 21 : Nouvelle lune
- 28 : Premier quartier

Sigil du mois : « Sous la terre endormie s'éveille ma souveraineté. J'entends et réponds à son appel. »

Cuisine de saison

Fruits : citron • clémentine • kiwi • mandarine • orange • pamplemousse • poire • pomme

Légumes : ail • betterave • carotte • céleri • chou • chou de Bruxelles • courge • endive • épinard • frisée • mâche • navet • oignon • panais • poireau • pomme de terre • salsifis • topinambour

Affirmation ou citation du Mois

Important

JANVIER

Lundi	Mardi	Mercredi
26	27	28
2	3	4
9	10	11
16	17	18
23	24	25
30	31	1

Jeudi	Vendredi	Samedi	Dimanche
29	30	31	1
5	6	7 *Pleine lune*	8
12	13	14	15 *Dernier quartier*
19	20	21 *Nouvelle lune*	22
26	27	28 *Premier quartier*	29
2	3	4	5

Traqueur d'humeur du mois

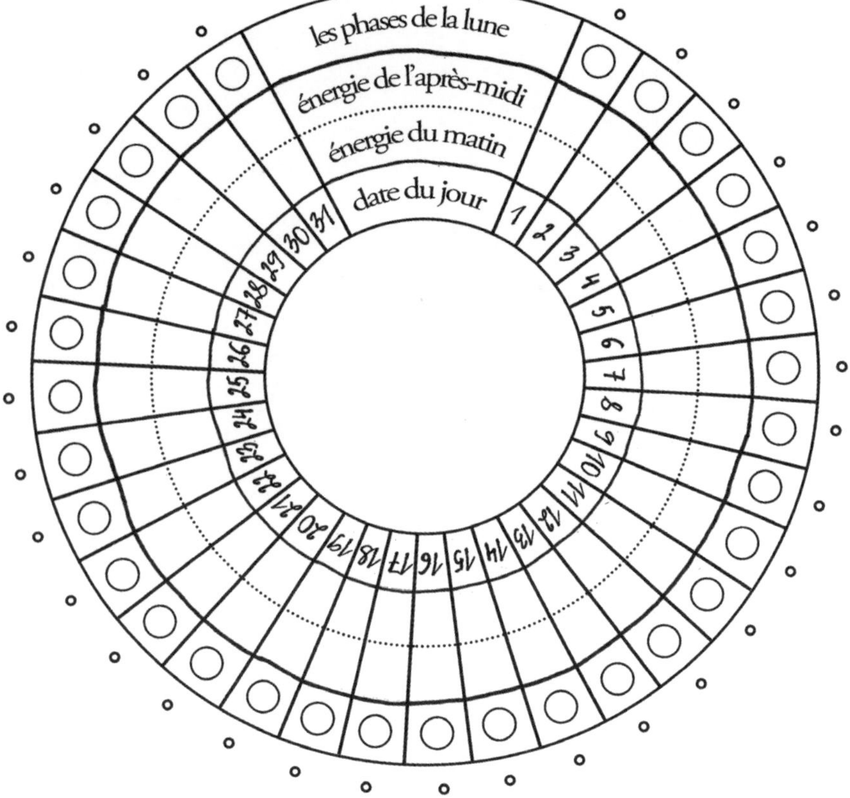

Je suis d'humeur

- ☐ positive
- ☐ neutre
- ☐ négative
- ☐ créative
- ☐ spirituelle
- ☐ angoissée
- ☐ ....
- ☐ ....
- ☐ ....
- ☐ ....
- ☐ ....
- ☐ ....

Tirage du Mois

Voici le tirage général du mois. Il est possible de le faire avec un oracle ou un tarot, cela n'a pas d'importance. Si des lames « sautent » du jeu pendant que vous les battez, mettez-les de côté et gardez-les pour les interpréter à part.

Date de l'étude

....../....../......

Oracle ou tarot utilisé

....

....

Phase de la lune

....

☐ Tirage avec les lames à l'envers

La quête profonde que l'on m'invite à suivre

allié : patchouli

La libéra-tion que j'attends et qu'il est temps de provoquer

allié : ail

La source de mon courage

allié : thym

Mots-clés

....

....

....

....

....

....

Analyse du tirage

.... arcanes majeurs

.... arcanes mineurs

.... lames à l'endroit

.... lames à l'envers

☐ Deniers

☐ Épées

☐ Bâtons

☐ Coupes

Interprétation du Tirage

Résumé

DIMANCHE 1er

♉ Personnalité du jour :
James Frazer, auteur du *Rameau d'Or*, anthropologue, Écosse

08 : 44 *lever du soleil*
17 : 04 *coucher du soleil*
13 : 29 *lever de la lune*
04 : 32 *coucher de la lune*

Prière de la sorcière nourricière

J'ai toujours aimé la prière, même si je viens d'une famille non croyante où ce que j'ai connu de plus proche de la prière, c'est le vœu d'anniversaire en soufflant la bougie. C'est peut-être l'idée d'une ouverture à la discussion avec plus grand que soi qui me plaît, d'envoyer de la bonté, de l'amour et de la chaleur à des endroits du monde qui en manquent, mais aussi de mettre de l'ordre dans ses pensées pour faire mieux encore demain. Nous ne prions pas ensemble au moment de commencer le repas, mais j'aime le faire en cuisinant. Je vous propose ici une version structurée de ce que je fais le plus souvent, mais sentez-vous libre d'improviser !

Au grand tout, merci pour ce repas qui s'annonce,

À la Terre, merci d'avoir offert l'espace et les nutriments pour des aliments riches,

À l'Eau, merci d'avoir amené la pluie nécessaire pour les cultures,

Au Soleil, merci d'avoir amené chaleur et force,

Aux insectes et animaux, merci d'avoir retourné la terre et participé à la pollinisation,

Aux humains, merci d'avoir travaillé dur pour que nous puissions ne manquer de rien,

Au temps, merci de faire que chaque chose vienne au bon moment,

Aux forces visibles et invisibles, merci pour votre générosité,

Que le monde qui nous entoure puisse profiter de la même prospérité,

Ainsi soit-il.

Souvent je prie Brigid plus que le grand tout, mais encore une fois, vous êtes libre ici de vous adresser à qui vous le souhaitez en fonction de ce qui vous semble le plus juste.

LUNDI 2

♉

Œuvre du jour :
L'Envoûteuse, Georges Merle, 1851-1886

08 : 44 *lever du soleil*
17 : 05 *coucher du soleil*
13 : 50 *lever de la lune*
05 : 44 *coucher de la lune*

MARDI 3

♉

Découverte du jour :
Théorie de la relativité, Albert Einstein, 1905

08 : 44 *lever du soleil*
17 : 06 *coucher du soleil*
14 : 15 *lever de la lune*
06 : 54 *coucher de la lune*

MERCREDI 4

♊

Œuvre du jour :
A Sorceress, Corrado Giaquinto, 1750-1752

08 : 44 *lever du soleil*
17 : 07 *coucher du soleil*
14 : 47 *lever de la lune*
07 : 57 *coucher de la lune*

JEUDI 5

♊

Outil du jour :
Solides de Platon

08 : 43 *lever du soleil*
17 : 08 *coucher du soleil*
15 : 28 *lever de la lune*
08 : 53 *coucher de la lune*

VENDREDI 6

♋

Divinité du jour :
Perséphone, retour de la végétation au printemps

08 : 43 *lever du soleil*
17 : 09 *coucher du soleil*
16 : 20 *lever de la lune*
09 : 36 *coucher de la lune*

SAMEDI 7

♋

08 : 43 *lever du soleil*
17 : 10 *coucher du soleil*
17 : 20 *lever de la lune*
10 : 11 *coucher de la lune*

DIMANCHE 8

♋

Divinité du jour :
Triple Boand, la Terre-Mère, la nature et la force créatrice du monde, Gaule primitive

08 : 43 *lever du soleil*
17 : 12 *coucher du soleil*
18 : 26 *lever de la lune*
10 : 38 *coucher de la lune*

Galettes des rois (et reines)

J'aimerais vous dire que j'ai la patience de faire la recette de la délicieuse galette des rois du chef Cédric Grolet avec sa pâte feuilletée faite maison sur quatre jours, mais la réalité est souvent plus spontanée concernant cette tradition très vivante en France. Au Moyen Âge, cette fête – probablement héritée des Romains – était baptisée « fête des Fous » et les rôles sociaux y étaient totalement inversés : les domestiques devenaient les maîtres et les maîtres, domestiques. Fait intéressant, lors de la Révolution française, cette galette fut débaptisée pour être appelée « gâteau de l'Égalité », pour symboliser le mécontentement du peuple français face à la royauté.

La tradition voulait que l'on invite le plus jeune convive, lors de la distribution des parts, à se glisser sous la table avec une part appelée « part de Dieu ». Celle-ci était ainsi mise de côté pour qu'une personne trop pauvre pour s'offrir ou cuisiner une galette puisse en manger une. Peut-être pourriez-vous ramener cette notion de partage en faisant une distribution de galettes ?

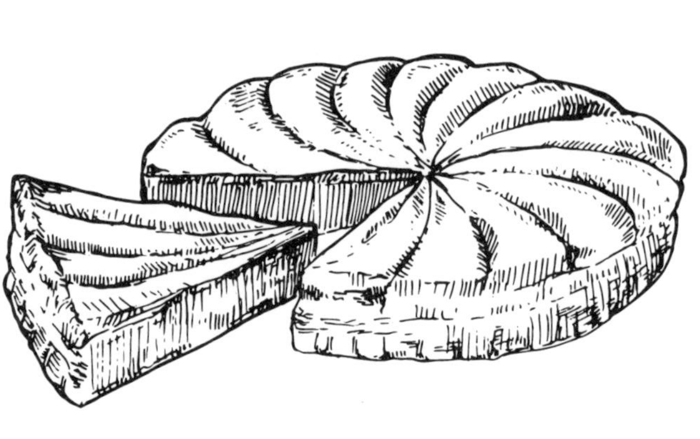

- Musique : *Le Roi de la fête* – Jacques Dutronc (album *En vogue*)
- Moment de la journée : après-midi
- Chandelle suggérée : dorée ou verte

Ingrédients (pour 6 personnes)

- 140 g de poudre d'amande (argent et guérison)
- 100 g de sucre fin (amour)
- 75 g de beurre tendre (spiritualité, peut-être parce qu'autrefois on ne savait pas vraiment comment faire du beurre, alors toutes sortes de superstitions étaient créées autour de sa fabrication…)
- 2 pâtes feuilletées
- 2 œufs (protection, surtout si la coque est blanche)
- 1 jaune d'œuf (création, guérison, protection, divination)
- 1 fève
- 1 pois (optionnel)

Une vieille coutume anglaise voulait qu'une fève désigne le roi et que le pois soit pour la reine. Si vous optez pour cette vision, je vous invite à les considérer comme des polarités, et, si vous le souhaitez, à créer deux pots de bénédiction (voir la suite).

Recette

1// Préchauffez le four à 200 °C (thermostat 6-7). Dans un moule à tarte, étalez la pâte et piquez-la avec une fourchette de façon à former un pentacle, en visualisant les éléments que vous voulez inviter. Répartissez d'autres coups de fourchette sur la pâte.

2// Dans un saladier, mélangez la poudre d'amande, le sucre, les 2 œufs et le beurre mou dans le sens des aiguilles d'une montre (il est dit que cela attire à nous de bonnes choses : ici l'argent, la guérison, la protection, la spiritualité).

3// Placez la préparation obtenue dans le moule à tarte et cachez-y la fève ainsi que le pois si vous le souhaitez.

4// Recouvrez avec la seconde pâte feuilletée, en collant bien les bords.

5// Faites des dessins sur la pâte supérieure (le pentacle fonctionne très bien, la tarte ressemblera à une pièce de Deniers de la suite de tarot) et badigeonnez avec le jaune d'œuf.

6// Enfournez pendant 20 à 30 minutes et vérifiez régulièrement la cuisson.

Au début du repas (ou à l'apéritif), sortez vos plus beaux crayons de couleur, feutres et chutes de papier, ainsi qu'un ou deux pots (de préférence opaques) pour le roi (et la reine). Invitez les personnes présentes à écrire ce qu'elles souhaitent pour le futur roi (et la future reine) comme bénédictions, puis à cacher leur papier dans chacun des pots. Veillez à mettre un papier par personne pour chaque pot, soit deux bénédictions à écrire. La plus jeune personne va sous la table au moment du service et procède à la répartition des parts. Le roi et l'éventuelle reine qui auront trouvé la fève et le pois devront se lever et clamer les bénédictions qui leur ont été offertes pour l'année. N'hésitez pas à lever votre verre et faire du bruit, après tout, c'est une fête où les fous et la royauté se côtoient !

Idées de bénédictions

Une maison remplie de rires et de joie ;

✧

Une nouvelle opportunité stimulante au travail ;

✧

De bons livres à lire ;

✧

Une nouvelle activité à découvrir ;

✧

Un corps en mouvement et santé ;

✧

Du bon temps avec les amis ;

✧

S'aimer et se respecter ;

✧

La prospérité financière ;

✧

Un esprit vif et libre ;

✧

...

LUNDI 9

08 : 42 *lever du soleil*
17 : 13 *coucher du soleil*
19 : 35 *lever de la lune*
10 : 58 *coucher de la lune*

MARDI 10

Pierre du jour :
Pyrite

08 : 42 *lever du soleil*
17 : 14 *coucher du soleil*
20 : 44 *lever de la lune*
11 : 15 *coucher de la lune*

MERCREDI 11

Divinité du jour :
Carmenta, divinité romaine et prophétesse d'Arcadie

08 : 41 *lever du soleil*
17 : 16 *coucher du soleil*
21 : 52 *lever de la lune*
11 : 30 *coucher de la lune*

JEUDI 12

Personnalité du jour :
Nundjan Djiridjarkan, leader australien indigène, connu pour son combat pour la conservation du savoir aborigène

08 : 41 *lever du soleil*
17 : 17 *coucher du soleil*
23 : 00 *lever de la lune*
11 : 44 *coucher de la lune*

VENDREDI 13

Célébration du jour :
Midvintersblót
(fin de Jul en Suède)

08 : 40 *lever du soleil*
17 : 18 *coucher du soleil*
-- *lever de la lune*
-- *coucher de la lune*

SAMEDI 14

Divinité du jour :
Bastet, déesse de la Joie du foyer, Égypte

08 : 39 *lever du soleil*
17 : 20 *coucher du soleil*
00 : 10 *lever de la lune*
11 : 58 *coucher de la lune*

DIMANCHE 15

08 : 39 *lever du soleil*
17 : 21 *coucher du soleil*
01 : 21 *lever de la lune*
12 : 14 *coucher de la lune*

LUNDI 16

♏

Divinité du jour :
Concorde, déesse du Paganisme, Rome

08 : 38 *lever du soleil*
17 : 22 *coucher du soleil*
02 : 36 *lever de la lune*
12 : 33 *coucher de la lune*

MARDI 17

♏

Œuvre du jour :
A Visit to the Witch, Edward Frederick Brewtnall, 1882

08 : 37 *lever du soleil*
17 : 24 *coucher du soleil*
03 : 56 *lever de la lune*
12 : 56 *coucher de la lune*

MERCREDI 18

♐

08 : 36 *lever du soleil*
17 : 25 *coucher du soleil*
05 : 19 *lever de la lune*
13 : 29 *coucher de la lune*

JEUDI 19

♐

Personnalité du jour :
Dorothy Clutterbuck, membre du New Forest Coven

08 : 36 *lever du soleil*
17 : 27 *coucher du soleil*
06 : 41 *lever de la lune*
14 : 16 *coucher de la lune*

VENDREDI 20

♑

Calendrier des arbres :
Luis – Sorbier, 1er jour

08 : 35 *lever du soleil*
17 : 28 *coucher du soleil*
07 : 54 *lever de la lune*
15 : 20 *coucher de la lune*

SAMEDI 21

♑

Signe du jour :
Verseau (1er jour)
Élément Air

08 : 34 *lever du soleil*
17 : 30 *coucher du soleil*
08 : 52 *lever de la lune*
16 : 42 *coucher de la lune*

DIMANCHE 22

♒

Divinité du jour :
Mercure, dieu du Commerce et des Voleurs, Rome

08 : 33 *lever du soleil*
17 : 31 *coucher du soleil*
09 : 33 *lever de la lune*
18 : 11 *coucher de la lune*

Le consentement en magie des fourneaux

C'est un sujet passionnant et qui passionne les pratiquants depuis toujours : à quel moment commence la liberté de chacun ? Est-ce que venir en aide à quelqu'un magiquement sans son accord est mal ? Peut-on faire partager un plat magique sans dire à toutes les personnes à table que l'on est sorcière ?

Le consentement et le libre arbitre en magie

Certains parlent de magie blanche ou de faire le bien, mais est-ce si simple ? Ce qui est bien pour moi ne l'est pas forcément pour les autres. Notre vision de la magie blanche (et donc aussi noire) dépend de nos valeurs et de notre morale. La morale, cela évolue beaucoup en fonction de notre âge, de notre milieu social, de notre lieu de vie et même de l'époque à laquelle nous vivons. Rappelons qu'il y a des temps encore trop proches où l'on considérait normal de mettre en cage des humains parce que leur couleur de peau était différente et que cela ne choquait pas la majorité de la population. Certains, comme Brandy Williams dans ses travaux, parlent même d'un héritage raciste dans cette idée d'une magie blanche et noire (*White Light, Black Magic: Racism in Esoteric Thought*). En France, la magie qui était la plus populaire est appelée « sorcellerie des campagnes », et l'on peut dire que les notions d'interdit et de consentement sont… absentes ! C'est la responsabilité de la sorcière qui fait le choix de ce qu'elle accepte ou non de faire. La sorcellerie des campagnes n'est ni bonne ni mauvaise, elle représente surtout la vision du monde du pratiquant, ses valeurs et sa morale à un moment de sa vie. Certains disent même que si le sort se réalise, c'est que les dieux/esprits ont accepté la demande et que cela faisait partie du destin, mais que si cela ne se réalise pas, alors c'est que nous ne devons pas nous entêter.

Et en magie des fourneaux ?

Nous ne cuisinons pas toujours que pour nous, alors comment faire ? Je ne me vois pas arriver chez les collègues de mon compagnon en disant : « Bonjour, nous ne nous connaissons pas encore, je m'appelle Lisbeth et je suis sorcière ! Je vous préviens, j'ai ensorcelé le dessert ! » Disons que cela ferait sensation, c'est au moins une certitude. Pourtant, il m'arrive de faire appel à la magie dans les plats que je partage, tout en cherchant à respecter le libre arbitre de chacun. J'ai choisi d'ajouter quelques phrases à l'incantation qui me sert à ouvrir mon cercle et à mon travail magique lorsqu'il est destiné à être partagé avec des pratiquants ou non-pratiquants :

Que ce sortilège s'active pour ceux dont le cœur, l'esprit
le corps et l'âme
Ont le désir de le voir s'accomplir.
Puisse cette intention se nicher en eux
Ou se dissiper sans une trace de son passage
En fonction de leurs désirs,
Ainsi vit ma magie.

Si ce que j'ai posé dans la recette ne correspond pas à la personne, il ne se passera tout simplement rien, mais si cela fait partie de son désir à ce moment de son incarnation, alors le sort s'activera. Cela me permet de respecter le libre arbitre de chacun tout en offrant un coup de pouce si besoin.

Comment voyez-vous les notions de consentement et de liberté dans votre pratique ?

LUNDI 23

08 : 32 *lever du soleil*
17 : 33 *coucher du soleil*
10 : 03 *lever de la lune*
19 : 42 *coucher de la lune*

MARDI 24

Célébration du jour :
Feriae Sementivae,
fête des Semences, Rome

08 : 31 *lever du soleil*
17 : 34 *coucher du soleil*
10 : 26 *lever de la lune*
21 : 08 *coucher de la lune*

MERCREDI 25

08 : 30 *lever du soleil*
17 : 36 *coucher du soleil*
10 : 45 *lever de la lune*
22 : 31 *coucher de la lune*

JEUDI 26

Personnalité du jour :
Robert Burns, poète écossais très inspiré par la nature

08 : 28 *lever du soleil*
17 : 38 *coucher du soleil*
11 : 01 *lever de la lune*
23 : 50 *coucher de la lune*

VENDREDI 27

Œuvre du jour :
The Love Potion,
Evelyn De Morgan, 1903

08 : 27 *lever du soleil*
17 : 39 *coucher du soleil*
11 : 17 *lever de la lune*
01 : 06 *coucher de la lune*

SAMEDI 28

Personnalité du jour :
Agnes Sampson, guérisseuse écossaise accusée lors du procès de North Berwick, 1591

08 : 26 *lever du soleil*
17 : 41 *coucher du soleil*
11 : 34 *lever de la lune*
02 : 22 *coucher de la lune*

DIMANCHE 29

Célébration du jour :
Up Helly Aa, procession avec flambeau, Écosse

08 : 25 *lever du soleil*
17 : 42 *coucher du soleil*
11 : 54 *lever de la lune*
03 : 35 *coucher de la lune*

LUNDI 30

Série du jour :
Un soupçon de magie,
série doudou pour ma part !

08 : 23 *lever du soleil*
17 : 44 *coucher du soleil*
12 : 17 *lever de la lune*
04 : 46 *coucher de la lune*

MARDI 31

Personnalité du jour :
Zsuzsanna Budapest, fondatrice de la Wicca dianique

08 : 22 *lever du soleil*
17 : 46 *coucher du soleil*
12 : 47 *lever de la lune*
05 : 52 *coucher de la lune*

Pommes de la tendresse envers soi

- Musique : *Hymne à l'amour* – Édith Piaf
- Moment de la journée : crépuscule
- Chandelle suggérée : bordeaux ou rose pâle

Idéales au cœur de l'hiver lorsque la terre est en sommeil, les pommes peuvent se cuisiner de mille façons. Voici une délicieuse recette qui me vient de ma mère et que vous pouvez même faire au micro-ondes si vous en avez un. Je vous conseille cependant de la faire au four si vous êtes nombreux, ou dans un faitout à bord haut et à feu très doux si vous êtes en petit comité.

Ingrédients (pour 1 personne)

- 1 pomme par personne (amour, santé, paix)
- Confiture de votre choix, mais je vous conseille framboise (bonheur, protection, amour)
- 1 pincée de sucre (amour)

Recette

1// Retirez le trognon de chaque pomme sans la couper (avec un couteau pour les plus aventuriers ou avec un vide-pomme pour les plus équipés). Vous pouvez dessiner au doigt le sigil du mois de février en fond si vous le souhaitez, il est parfait pour cette recette.

2// Dans un récipient suffisamment grand pour le nombre de pommes que vous voulez faire cuire, déposez les fruits ainsi qu'un fond d'eau d'environ 1 centimètre.

3// Ajoutez une cuillère à café de confiture au cœur de chaque pomme en disant :

Puisses-tu toujours t'offrir autant d'amour et de compassion

Que tu en offres au monde.

4// Saupoudrez légèrement de sucre puis couvrez d'un papier d'aluminium, du couvercle de votre faitout ou de papier cuisson en fonction de votre méthode de cuisson.

5// Faites cuire :

- 30 minutes au four à 180 °C (thermostat 6)
- 10 minutes au micro-ondes
- 5-10 minutes au faitout en surveillant s'il faut ajouter de l'eau.

6// À manger seule ou avec une boule de glace.

Astuce : Utilisez les épluchures et trognons de pommes pour faire de la gelée de pomme, c'est délicieux !

FÉVRIER

L	M	M	J	V	S	D
		1	2	3	4	5
6	7	8	9	10	11	12
13	14	15	16	17	18	19
20	21	22	23	24	25	26
27	28					

ALLIÉ DU MOIS : fenouil (force physique, volonté, protection)

Parsemez vos soupes de quelques graines de fenouil lorsque vous n'avez pas le moral. Si vous aimez sincèrement le goût (ce qui est étrange, mais on ne jugera pas), vous pouvez aussi les utiliser en tisane ou en assaisonnement.

PHASES LUNAIRES :

- 5 : Pleine lune
- 13 : Dernier quartier
- 20 : Nouvelle lune
- 27 : Premier quartier

SIGIL DU MOIS : « Je m'offre le même respect et le même amour que celui que je suis capable d'offrir aux autres. »

Cuisine de saison

Fruits : citron • clémentine • kiwi • mandarine • orange • pamplemousse • poire • pomme

Légumes : ail • betterave • carotte • céleri • chou de Bruxelles • endive • épinard • frisée • mâche • navet • oignon • panais • poireau • pomme de terre • radis • salsifis • topinambour

Affirmation ou citation du Mois

Important

Sabbat du mois : Imbolc - 1er février

Février

Lundi	Mardi	Mercredi
30	31	1 *Imbolc*
6	7	8
13 *Dernier quartier*	14	15
20 *Nouvelle lune*	21	22
27 *Premier quartier*	28	1
6	7	8

Jeudi	Vendredi	Samedi	Dimanche
2	3	4	5 ✩ ○ Pleine lune
9	10	11	12
16	17	18	19
23	24	25	26
2	3	4	5
9	10	11	12

Traqueur d'humeur du mois

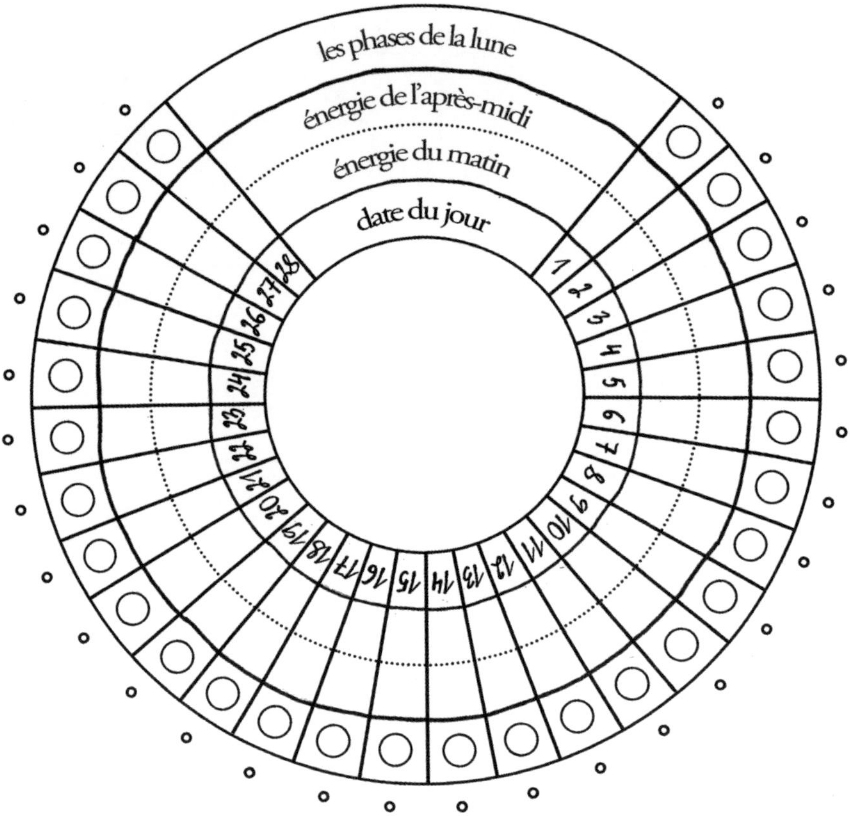

Je suis d'humeur

- ☐ positive
- ☐ neutre
- ☐ négative
- ☐ créative
- ☐ spirituelle
- ☐ angoissée
- ☐ ……………………
- ☐ ……………………
- ☐ ……………………
- ☐ ……………………
- ☐ ……………………
- ☐ ……………………

Tirage du Mois

Voici le tirage général du mois. Il est possible de le faire avec un oracle ou un tarot, cela n'a pas d'importance. Si des lames « sautent » du jeu pendant que vous les battez, mettez-les de côté et gardez-les pour les interpréter à part.

Date de l'étude

........../........../..........

Oracle ou tarot utilisé

....

....

Phase de la lune

....

☐ Tirage avec les lames à l'envers

Le désir à accueillir
allié : chocolat

La manifestation du sacré
allié : miel

La tendresse à cultiver
allié : sucre

Mots-clés

....

....

....

....

....

....

Analyse du tirage

.... arcanes majeurs

.... arcanes mineurs

.... lames à l'endroit

.... lames à l'envers

☐ Deniers
☐ Épées
☐ Bâtons
☐ Coupes

Interprétation du Tirage

Résumé

MERCREDI 1er

♊

Sabbat du jour :
Imbolc, fête religieuse d'origine irlandaise

08 : 21	*lever du soleil*
17 : 47	*coucher du soleil*
13 : 25	*lever de la lune*
06 : 49	*coucher de la lune*

JEUDI 2

♋

08 : 19	*lever du soleil*
17 : 49	*coucher du soleil*
14 : 14	*lever de la lune*
07 : 36	*coucher de la lune*

VENDREDI 3

♋

Célébration du jour :
Setsubun, fin de l'hiver, dans la tradition mame-maki, Japon

08 : 18	*lever du soleil*
17 : 51	*coucher du soleil*
15 : 11	*lever de la lune*
08 : 13	*coucher de la lune*

SAMEDI 4

♋

Célébration du jour :
King Frost Day,
Londres

08 : 17	*lever du soleil*
17 : 52	*coucher du soleil*
16 : 17	*lever de la lune*
08 : 42	*coucher de la lune*

DIMANCHE 5

♌

Personnalité du jour :
Phronesis, cocréatrice du Nox.Lux Oracle (avec AshColoured), prêtresse
de la Morrigan, France

08 : 15	*lever du soleil*
17 : 54	*coucher du soleil*
17 : 25	*lever de la lune*
09 : 04	*coucher de la lune*

Croyance populaire

Il ne faut pas croiser des couteaux sur une table, on disait autrefois que cela revenait à inviter le diable à souper ou que la foudre allait frapper la maison.

Soupe de l'hiver en attendant le soleil

Février, c'est le mois où les décorations des fêtes de fin d'année sont rangées, chacun rentre chez soi pour se rouler dans les plaids, observant le temps gris par la fenêtre. Cette recette me fait penser au soleil sur la neige avec cet aspect blanc légèrement doré. J'aime utiliser une chandelle jaune ou dorée pour cette recette, que je vais garder précieusement lorsque le manque de soleil se fera trop sentir, en faisant passer la flamme sur une nouvelle chandelle quand celle-ci se termine.

- Musique : *Soleil Soleil* – Pomme (album *Les Failles*)
- Phase de la lune conseillée : gibbeuse croissante
- Chandelle suggérée : dorée ou blanche

Ingrédients

- 1 gros chou-fleur (protection)
- 4 pommes de terre (protection, compassion)
- 1 blanc de poireau (protection, force physique)
- 1 petite pincée de cumin (paix, bonheur)
- 1 pincée généreuse de curcuma (purification)
- 3 tours de moulin à poivre (protection, purification)
- 1 c. à s. de curry (c'est un mélange difficile pour les correspondances)
- ½ bouillon cube

Recette

1// Ouvrez votre cercle de pratique (si vous le souhaitez) et allumez votre chandelle. Après avoir retiré les feuilles, fermez les yeux et tenez le chou-fleur entre vos mains. Visualisez une épaisse couche de neige à l'extérieur du chou-fleur, qui scintille doucement. Au centre de celui-ci, vous entendez un battement lointain, comme celui d'un cœur qui bat régulièrement et de plus en plus proche. Continuez votre visualisation, une chaleur et une lumière percent l'extérieur du chou-fleur et se mettent à irradier progressivement.

2// Prenez une longue inspiration et commencez à diriger cette lumière vers votre cœur jusqu'à ce que votre lumière personnelle et celle émanant de la boule de neige s'équilibrent. Murmurez ou pensez :

Douce lumière du printemps, nous attendons ta venue avec patience,
Nous serons tes messagers et diffuserons ta chaleur avant ton arrivée.

3// Ouvrez les yeux et déposez le chou-fleur de côté. Coupez le poireau en rondelles grossières, puis faites-les revenir dans un gros faitout avec couvercle, dans un peu d'huile et d'eau à feu moyen-doux le temps qu'elles deviennent fondantes. Pendant ce temps, coupez le chou-fleur et les pommes de terre en petits morceaux grossiers et réservez. Dans la poêle, ajoutez une petite pincée de graines de cumin pour qu'elles infusent légèrement et remuez dans le sens des aiguilles d'une montre pour symboliser le rythme des saisons.

4// Ajoutez dans votre faitout le chou-fleur, les pommes de terre, le demi-bouillon cube et recouvrez d'eau. Laissez cuire à feu moyen jusqu'à ce que tout soit fondant. Mixez le tout avec une cuillère à soupe de curry avant de servir.

5// Je vous invite à congeler un cube de soupe et à le déposer en offrande lors du solstice du printemps au pied d'un arbre ou dans un endroit de votre choix.

Astuce : Disposez les feuilles vertes du chou-fleur, un oignon jaune et des carottes coupés grossièrement dans un plat, recouvrez avec une pâte de crumble salée pour un plat surprenant et délicieux.

LUNDI 6

♌

08 : 14	*lever du soleil*
17 : 56	*coucher du soleil*
18 : 35	*lever de la lune*
09 : 22	*coucher de la lune*

MARDI 7

♍

Personnalité du jour :
Lyra Ceoltoir, sorcière dite « Herbwitch », mélangeant druidisme, folklores celte et slave, France

08 : 12	*lever du soleil*
17 : 57	*coucher du soleil*
19 : 43	*lever de la lune*
09 : 37	*coucher de la lune*

MERCREDI 8

♍

08 : 11	*lever du soleil*
17 : 59	*coucher du soleil*
20 : 52	*lever de la lune*
09 : 51	*coucher de la lune*

JEUDI 9

♍

Divinité du jour :
Apollon, Grèce

08 : 09	*lever du soleil*
18 : 01	*coucher du soleil*
22 : 01	*lever de la lune*
10 : 05	*coucher de la lune*

VENDREDI 10

♎

Pierre du jour :
Hématite

08 : 07	*lever du soleil*
18 : 02	*coucher du soleil*
23 : 10	*lever de la lune*
10 : 20	*coucher de la lune*

SAMEDI 11

♎

Personnalité du jour :
Morrnah Nalamaku Simeona, *kahuna lapa'au* qui enseigna une version modernisée du ho'oponopono, Hawaï

08 : 06	*lever du soleil*
18 : 04	*coucher du soleil*
--	*lever de la lune*
--	*coucher de la lune*

DIMANCHE 12

♏

Personnalité du jour :
Gerald Gardner, fondateur de la Wicca moderne

08 : 04	*lever du soleil*
18 : 05	*coucher du soleil*
00 : 23	*lever de la lune*
10 : 36	*coucher de la lune*

LUNDI 13

Célébration du jour :
Parantalia, 13 au 22,
fête des Ancêtres, Rome

08 : 02 *lever du soleil*
18 : 07 *coucher du soleil*
01 : 39 *lever de la lune*
10 : 57 *coucher de la lune*

MARDI 14

Œuvre du jour :
Liebeszauber, Love Magic or The Love Spell, peintre inconnu

08 : 01 *lever du soleil*
18 : 09 *coucher du soleil*
02 : 58 *lever de la lune*
11 : 24 *coucher de la lune*

MERCREDI 15

Célébration du jour :
Lupercalia, fêtes dédiées à Faunus, Rome

07 : 59 *lever du soleil*
18 : 10 *coucher du soleil*
04 : 19 *lever de la lune*
12 : 03 *coucher de la lune*

JEUDI 16

Calendrier des arbres :
Nion – Frêne, 1er jour

07 : 57 *lever du soleil*
18 : 12 *coucher du soleil*
05 : 33 *lever de la lune*
12 : 57 *coucher de la lune*

VENDREDI 17

Déesse du jour :
Fornax, déesse des Fours, Rome

07 : 55 *lever du soleil*
18 : 14 *coucher du soleil*
06 : 37 *lever de la lune*
14 : 08 *coucher de la lune*

SAMEDI 18

Personnalité du jour :
Sybil Leek, sorcière anglaise, astrologue et auteure ésotérique

07 : 54 *lever du soleil*
18 : 15 *coucher du soleil*
07 : 25 *lever de la lune*
15 : 33 *coucher de la lune*

DIMANCHE 19

07 : 52 *lever du soleil*
18 : 17 *coucher du soleil*
08 : 00 *lever de la lune*
17 : 04 *coucher de la lune*

Fiche recette

Nom de la recette : ....

Source : ....

Parts : ....

Saison : ....

Recette : ☐ *omnivore* ☐ *végétarienne* ☐ *végétalienne*

Niveau : ☐☐☐☐☐

Temps de préparation : ....

Temps de cuisson : ....

Temps total : ....

Intention du sortilège : ....

Moment de la journée/phase de la lune : ....

Chandelle associée : ....

Autre : ....

....

....

Allergènes : ☐ *lait* ☐ *œuf* ☐ *soja* ☐ *fruits à coque*

☐ *gluten* ☐ *poisson* ☐ *crustacés*

Autre : ....

....

....

Ingrédients :

Recette :

Note :

LUNDI 20

Signe du jour :
Poissons (1er jour)
Élément Eau

07 : 50 *lever du soleil*
18 : 19 *coucher du soleil*
08 : 26 *lever de la lune*
18 : 35 *coucher de la lune*

MARDI 21

07 : 48 *lever du soleil*
18 : 20 *coucher du soleil*
08 : 46 *lever de la lune*
20 : 01 *coucher de la lune*

MERCREDI 22

Personnalité du jour :
Narcessya, sorcière rêveuse et libre naviguant avec passion dans la *chaos magick*, France

07 : 46 *lever du soleil*
18 : 22 *coucher du soleil*
09 : 04 *lever de la lune*
21 : 24 *coucher de la lune*

JEUDI 23

Célébration du jour :
Terminalia, jour de clôture de l'année religieuse, Rome

07 : 44 *lever du soleil*
18 : 23 *coucher du soleil*
09 : 20 *lever de la lune*
22 : 45 *coucher de la lune*

VENDREDI 24

Œuvre du jour :
The Necromancer,
Angelo Caroselli, 1600

07 : 42 *lever du soleil*
18 : 25 *coucher du soleil*
09 : 37 *lever de la lune*
00 : 03 *coucher de la lune*

SAMEDI 25

Découverte du jour :
Ondes radio
Heinrich Hertz et James Clerk Maxwell, XIXe siècle

07 : 41 *lever du soleil*
18 : 27 *coucher du soleil*
09 : 56 *lever de la lune*
01 : 20 *coucher de la lune*

DIMANCHE 26

Personnalité du jour :
Ophis Phosphoros, occultiste travaillant sur l'hermétisme, la Rose-Croix et l'ésotérisme chrétien, France

07 : 39 *lever du soleil*
18 : 28 *coucher du soleil*
10 : 18 *lever de la lune*
02 : 34 *coucher de la lune*

SEMAINE DU 27 AU 28 FÉVRIER

LUNDI 27

Ⅱ

07 : 37 *lever du soleil*
18 : 30 *coucher du soleil*
10 : 46 *lever de la lune*
03 : 43 *coucher de la lune*

MARDI 28

Ⅱ

Personnalité du jour :
Patricia Telesco, auteure et prêtresse wiccane, États-Unis

07 : 35 *lever du soleil*
18 : 32 *coucher du soleil*
11 : 21 *lever de la lune*
04 : 45 *coucher de la lune*

Cake d'amour

- Musique : *Recette pour un cake d'amour* – Michel Legrand, Anne Germain *(Peau d'âne)*
- Moment de la journée : matin (pour que l'amour reste tendre et plein de promesses)
- Chandelle suggérée : dorée ou rouge

Peau d'âne est probablement *le* film de mon enfance : la robe couleur du temps et surtout le cake d'amour m'ont fascinée. J'aime le fait que la recette soit une chanson en rimes, presque une incantation prête à l'usage.

Ingrédients

- 170 g de farine (fertilité, ancrage, protection)
- 20 cl de lait entier (amour, spiritualité)
- 100 g de sucre (amour)
- 70 g de beurre (spiritualité)

- ½ sachet de levure ou de levain (multiplicateur de chance de réussite, correspondance personnelle)
- 1 c. à c. de miel (purification, santé, amour, sexualité, bonheur, spiritualité, sagesse)
- 1 pincée de sel (mise à la terre, ancrage, protection)
- 4 œufs frais (création, guérison, protection, divination)

Recette

1// Préchauffez votre four à 180 °C (thermostat 6) et allumez votre chandelle.

2// Dans un saladier, versez la farine et faites un creux, comme si vous faisiez un nid doux pour accueillir la tendresse que vous avez pour la ou les personnes avec qui vous allez partager ce gâteau. Ajoutez les œufs au centre avant de mélanger une première fois.

3// Ajoutez le lait entier, parsemez de sucre comme on lancerait des graines dans un champ (visez tout de même, c'est vous qui nettoyez la cuisine après) et pétrissez en pensant à tout ce qui vous rapproche, ce qui fait que vous aimez être en compagnie de cette ou ces personnes.

4// Ajoutez le beurre en faisant le vœu que cet amour (familial, amical ou romantique) puisse être entretenu par tout individu qui mangera une part de ce doux gâteau. Scellez votre intention avec le miel, la levure et le sel, puis remuez encore une fois dans le sens des aiguilles d'une montre en faisant un nombre impair de tours.

5// Beurrez un moule à cake et versez la préparation avant de faire cuire 40 minutes au four en surveillant pour qu'elle soit dorée tendrement. Vous pouvez éteindre la chandelle une fois le four éteint et je vous invite à la rallumer et la laisser se consumer entièrement sur la table lorsque vous servirez le gâteau.

Mars

L	M	M	J	V	S	D
		1	2	3	4	5
6	7	8	9	10	11	12
13	14	15	16	17	18	19
20	21	22	23	24	25	26
27	28	29	30	31		

Allié du mois : chou-fleur (protection, libération, transition)

Quelque chose au niveau émotionnel vous pèse, il est temps de réévaluer la situation. Rapprochez-vous du cycle lunaire en méditant sous la lune ou en étudiant ses mouvements une tasse de breuvage chaud à la main. Le tirage du mois pourra vous donner des pistes supplémentaires.

Phases lunaires :

- 7 : Pleine lune
- 15 : Dernier quartier
- 21 : Nouvelle lune
- 29 : Premier quartier

Sigil du mois : « Mon regard se libère de ses limites pour explorer les mystères. »

Cuisine de saison

Fruits : citron • clémentine • kiwi • mandarine • orange • pamplemousse • poire • pomme

Légumes : ail • asperge • betterave • blette • carotte • céleri • chou • chou de Bruxelles • chou-fleur • endive • épinard • frisée • navet • oignon • panais • poireau • pomme de terre • radis • salsifis • topinambour

Affirmation ou citation du Mois

Important

Sabbat du mois : Ostara - 20 mars

Mars

Lundi	Mardi	Mercredi
27	28	1
6	7 *Pleine lune*	8
13	14	15 *Dernier quartier*
20 *Ostara*	21 *Nouvelle lune*	22
27	28	29 *Premier quartier*
3	4	5

Jeudi	*Vendredi*	*Samedi*	*Dimanche*
2	3	4	5
9	10	11	12
16	17	18	19
23	24	25	26
30	31	1	2
6	7	8	9

Traqueur d'humeur du mois

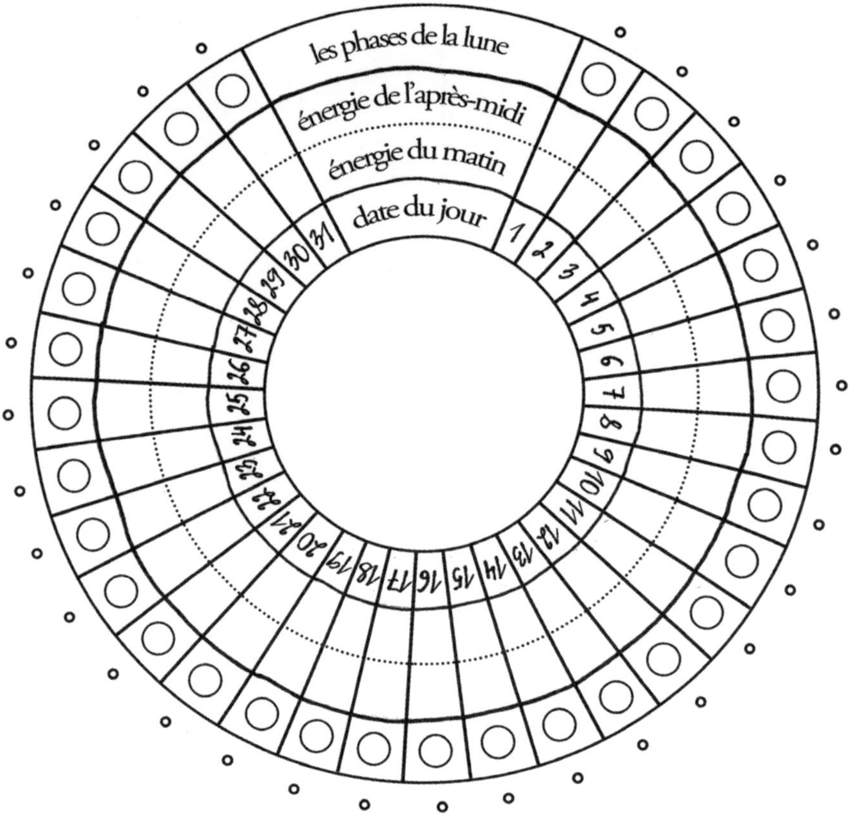

Je suis d'humeur

☐ positive	☐ créative	☐	☐ ....
☐ neutre	☐ spirituelle	☐	☐ ....
☐ négative	☐ angoissée	☐	☐ ....

Tirage du Mois

Voici le tirage général du mois. Il est possible de le faire avec un oracle ou un tarot, cela n'a pas d'importance. Si des lames « sautent » du jeu pendant que vous les battez, mettez-les de côté et gardez-les pour les interpréter à part.

Date de l'étude

....../....../......

Oracle ou tarot utilisé

....

....

Phase de la lune

....

☐ Tirage avec les lames à l'envers

La source de votre enthousiasme

alliée : cannelle

La réconciliation à envisager

allié : basilic

Ce qu'il faut abandonner

allié : persil

Mots-clés

....

....

....

....

....

....

Analyse du tirage

.... arcanes majeurs

.... arcanes mineurs

.... lames à l'endroit

.... lames à l'envers

☐ Deniers

☐ Épées

☐ Bâtons

☐ Coupes

Interprétation du Tirage

Résumé

Astuce de grand-mère

Si comme moi vous aimez chiner de la vieille vaisselle et autres ustensiles de cuisine, sachez que la fonte se nettoie très bien à l'aide d'un oignon coupé en deux. Cela demande un peu d'huile de coude mais c'est parfait lorsqu'un demi-oignon est en train de rendre l'âme au fond du réfrigérateur.

MERCREDI 1er

♊ Divinité du jour :
Lucine, déesse de Lumière et de la Venue au monde, Rome

07 : 33 *lever du soleil*
18 : 33 *coucher du soleil*
12 : 07 *lever de la lune*
05 : 35 *coucher de la lune*

JEUDI 2

♋

07 : 31 *lever du soleil*
18 : 35 *coucher du soleil*
13 : 02 *lever de la lune*
06 : 15 *coucher de la lune*

VENDREDI 3

♋ Divinité du jour :
Ægir, géant de la mythologie nordique,
personnification de la mer.

07 : 29 *lever du soleil*
18 : 36 *coucher du soleil*
14 : 05 *lever de la lune*
06 : 46 *coucher de la lune*

SAMEDI 4

♌ Pierre du jour :
Ambre

07 : 27 *lever du soleil*
18 : 38 *coucher du soleil*
15 : 13 *lever de la lune*
07 : 09 *coucher de la lune*

DIMANCHE 5

♌ Œuvre du jour :
The Sorceress,
Jan Van de Velde II

07 : 25 *lever du soleil*
18 : 39 *coucher du soleil*
16 : 23 *lever de la lune*
07 : 28 *coucher de la lune*

Sachet pour amener la douceur de vivre et l'insouciance

Ce n'est un secret pour personne, je suis une dévoreuse de séries et films. Mes favoris resteront toujours la série *The Good Witch (Un soupçon de magie)* et le film *Practical Magic* (*Les Ensorceleuses*), même si j'ai une immense affection pour *Lambs of God* et *The Last Keepers*. Je peux les regarder mille fois, toujours un carnet à la main. Pourtant, cette citation vient du livre *Les Ensorceleuses* : « *Jetez toujours du sel par-dessus votre épaule gauche. Gardez du romarin à l'entrée de votre jardin, ajoutez du poivre à la purée. Plantez de la lavande et des roses, ça vous portera chance. Tombez amoureux chaque fois que vous le pourrez.* » Cela m'a inspiré le sachet magique suivant :

- Phase de la lune conseillée : premier croissant
- Moment de la journée conseillé : aube
- Chandelle suggérée : bleu clair ou lavande

Ingrédients

- Romarin (protection, amour, purification, guérison, sommeil, jeunesse)
- Lavande (amour, protection, sommeil, longévité, purification, bonheur, paix)
- Poivre (protection, chance)
- Rose (amour, guérison, chance, protection)
- Sel (mise à la terre, ancrage, protection)
- Avoine (prospérité, sécurité)
- 1 petit sachet en lin

Préparation

- Saupoudrez le sel sur une surface plane (planche de découpe ou plan de travail).
- Plongez la chandelle dans de l'eau chaude quelques minutes avant de la rouler sur le sel pour qu'il puisse accrocher. Mettez-la sur un chandelier puis allumez-la.
- Prenez votre sachet et visualisez une journée où vous vaquez à vos obligations avec attention, à vos loisirs avec plaisir, et où vous profitez de la douceur de chaque moment.
- Ouvrez le sachet et glissez-y 3 cuillères à soupe d'avoine, 3 brins de romarin, 3 brins de lavande (ou cuillères à soupe de fleurs), 3 baies de poivre, 3 boutons de rose et 1 pincée de sel.
- Glissez ce sachet à côté de la machine à café, des boîtes de céréales ou de la bouilloire : un endroit où vous allez tous les matins.
- Éteignez la chandelle et gardez-la pour refaire ce sachet tous les mois.

Astuce : Lorsqu'il est temps de changer de sachet, utilisez le précédent dans votre bain !

LUNDI 6

Personnalité du jour :
Laurie Cabot, auteure et fondatrice du Cabot Tradition of the Science of Witchcraft, États-Unis

07 : 23 *lever du soleil*
18 : 41 *coucher du soleil*
17 : 32 *lever de la lune*
07 : 44 *coucher de la lune*

MARDI 7

Film du jour :
The Last Keepers, un film sur une famille païenne avec des capacités transmises entre générations

07 : 21 *lever du soleil*
18 : 43 *coucher du soleil*
18 : 42 *lever de la lune*
07 : 59 *coucher de la lune*

MERCREDI 8

Découverte du jour :
Trous noirs, Karl Schwarzschild, 1916

07 : 19 *lever du soleil*
18 : 44 *coucher du soleil*
19 : 51 *lever de la lune*
08 : 12 *coucher de la lune*

JEUDI 9

Divinité du jour :
Mars, dieu de la Guerre, Rome antique

07 : 17 *lever du soleil*
18 : 46 *coucher du soleil*
21 : 02 *lever de la lune*
08 : 27 *coucher de la lune*

VENDREDI 10

07 : 14 *lever du soleil*
18 : 47 *coucher du soleil*
22 : 14 *lever de la lune*
08 : 42 *coucher de la lune*

SAMEDI 11

Divinité du jour :
Héraclès, personnification de la force, Grèce antique

07 : 12 *lever du soleil*
18 : 49 *coucher du soleil*
23 : 29 *lever de la lune*
09 : 01 *coucher de la lune*

DIMANCHE 12

Outil du jour :
Fleurs séchées

07 : 10 *lever du soleil*
18 : 50 *coucher du soleil*
-- *lever de la lune*
-- *coucher de la lune*

LUNDI 13

07 : 08 *lever du soleil*
18 : 52 *coucher du soleil*
00 : 47 *lever de la lune*
09 : 25 *coucher de la lune*

MARDI 14

Arbre du jour :
Bouleau

07 : 06 *lever du soleil*
18 : 53 *coucher du soleil*
02 : 06 *lever de la lune*
09 : 59 *coucher de la lune*

MERCREDI 15

Œuvre du jour :
Morgan-le-Fay,
Frederick Sandys, 1863

07 : 04 *lever du soleil*
18 : 55 *coucher du soleil*
03 : 21 *lever de la lune*
10 : 46 *coucher de la lune*

JEUDI 16

07 : 02 *lever du soleil*
18 : 56 *coucher du soleil*
04 : 28 *lever de la lune*
11 : 48 *coucher de la lune*

VENDREDI 17

Divinité du jour :
Libera, déesse de la Vigne, du Vin et de la Fécondité, Rome

07 : 00 *lever du soleil*
18 : 58 *coucher du soleil*
05 : 19 *lever de la lune*
13 : 06 *coucher de la lune*

SAMEDI 18

Calendrier des arbres :
Fearn – Aulne, 1er jour

06 : 58 *lever du soleil*
19 : 00 *coucher du soleil*
05 : 58 *lever de la lune*
14 : 32 *coucher de la lune*

DIMANCHE 19

06 : 56 *lever du soleil*
19 : 01 *coucher du soleil*
06 : 26 *lever de la lune*
16 : 01 *coucher de la lune*

Étude des lames

Ces pages sont pensées pour les tarots, mais vous pouvez tout aussi bien les adapter pour les oracles. Vous en trouverez ici un nombre limité, cependant vous pouvez vous rendre sur mon blog pour télécharger des pages supplémentaires à imprimer ! Vous pouvez les scotcher ici, ou encore faire un carnet d'étude dédié aux cartes à côté.

Ici, vous pouvez imprimer et coller une image de la lame

Date de l'étude : ....

Lame dédiée : ....

Différences entre mes *decks* : ....
....
....
....

Interprétation de la lame tirée à l'endroit : ....
....
....
....
....

Intepprétation de la lame tirée à l'envers : ....
....
....
....
....

Ressenti personnel vis-à-vis de la lame : ....
....
....
....
....
....
....
....
....
....

Mes jeux comprenant cette lame et leurs différences : ....
....
....
....
....
....
....
....
....
....

Cette lame est sortie lors des tirages suivants : ....
....
....
....
....
....
....
....
....
....

LUNDI 20

♓

Sabbat du jour :
Ostara, fête païenne
de l'équinoxe du printemps

06 : 54 *lever du soleil*
19 : 03 *coucher du soleil*
06 : 48 *lever de la lune*
17 : 28 *coucher de la lune*

MARDI 21

♓

Signe du jour :
Bélier (1er jour)
Élément Feu

06 : 51 *lever du soleil*
19 : 04 *coucher du soleil*
07 : 06 *lever de la lune*
18 : 53 *coucher de la lune*

MERCREDI 22

♈

06 : 49 *lever du soleil*
19 : 06 *coucher du soleil*
07 : 23 *lever de la lune*
20 : 16 *coucher de la lune*

JEUDI 23

♈

Découverte du jour :
Fission nucléaire
Lise Meitner et Otto Hahn, 1939

06 : 47 *lever du soleil*
19 : 07 *coucher du soleil*
07 : 39 *lever de la lune*
21 : 36 *coucher de la lune*

VENDREDI 24

♉

Œuvre du jour :
Circe, Wright Barker,
1864-1941

06 : 45 *lever du soleil*
19 : 09 *coucher du soleil*
07 : 57 *lever de la lune*
22 : 56 *coucher de la lune*

SAMEDI 25

♉

06 : 43 *lever du soleil*
19 : 10 *coucher du soleil*
08 : 18 *lever de la lune*
00 : 15 *coucher de la lune*

DIMANCHE 26

♉

Personnalité du jour :
Joseph Campbell, mythologue,
professeur et écrivain américain

07 : 41 *lever du soleil*
20 : 12 *coucher du soleil*
08 : 44 *lever de la lune*
02 : 28 *coucher de la lune*

LUNDI 27

Série du jour :
Requiem, enquête et suspens se mettent en place comme un rêve dans cette série

07 : 39	*lever du soleil*
20 : 13	*coucher du soleil*
10 : 16	*lever de la lune*
03 : 35	*coucher de la lune*

MARDI 28

07 : 37	*lever du soleil*
20 : 15	*coucher du soleil*
10 : 59	*lever de la lune*
04 : 30	*coucher de la lune*

MERCREDI 29

Pierre du jour :
Apophyllite

07 : 35	*lever du soleil*
20 : 16	*coucher du soleil*
11 : 51	*lever de la lune*
05 : 15	*coucher de la lune*

JEUDI 30

Divinité du jour :
Concorde, déesse de l'Harmonie, Rome antique

07 : 33	*lever du soleil*
20 : 18	*coucher du soleil*
12 : 52	*lever de la lune*
05 : 49	*coucher de la lune*

VENDREDI 31

07 : 30	*lever du soleil*
20 : 19	*coucher du soleil*
13 : 59	*lever de la lune*
06 : 14	*coucher de la lune*

Végétaliser une recette magique

Dans ce grimoire, vous ne trouverez que des recettes végétariennes, mais si vous souhaitez les transformer en recettes végétaliennes ou sans gluten, je vous invite à regarder les correspondances avant de réaliser les modifications. En voici quelques-unes pour vous aider :

- Amande : argent, guérison.
- Noisette : sagesse, esprit conscient, fertilité.
- Soja : protection, perception psychique, spiritualité.
- Maïs : protection, spiritualité.
- Riz : argent, sexualité, fertilité, protection.

Encens

2e Trimestre

Avril - Mai - Juin

Sous le signe de l'Air

Avril

L	M	M	J	V	S	D
					1	2
3	4	5	6	7	8	9
10	11	12	13	14	15	16
17	18	19	20	21	22	23
24	25	26	27	28	29	30

Allié du mois : estragon (régénération, repos, alignement)

Attention à ne pas trop tirer sur la corde, l'estragon vous rappelle qu'à vouloir tout faire, on risque de ne plus pouvoir faire quoi que ce soit. Remplissez un bol d'eau et déposez trois tiges d'estragon frais, une pour le passé, une pour le présent et une pour le futur. Allumez une bougie chauffe-plat et déposez-la doucement dans l'eau au centre en visualisant votre éparpillement descendre des feuilles jusqu'à la tige et se concentrer dans la bougie. Méditez ou faites du *journaling* le temps que la bougie se consume.

Phases lunaires :

- 6 : Pleine lune
- 13 : Dernier quartier
- 20 : Nouvelle lune
- 27 : Premier quartier

Sigil du mois : « Moi et les miens sommes à l'abri du besoin. »

Cuisine de saison

Fruits : citron • pamplemousse • pomme

Légumes : ail • artichaut • asperge • betterave • blette • carotte • céleri • chou-fleur • concombre • endive • épinard • frisée • laitue • navet • oignon • petit pois • poireau • pomme de terre • radis

Affirmation ou citation du Mois

Important

Avril

Lundi	Mardi	Mercredi
27	28	29
3	4	5
10	11	12
17	18	19
24	25	26
1	2	3

Jeudi	Vendredi	Samedi	Dimanche
30	31	1	2
6 *Pleine lune*	7	8	9
13 *Dernier quartier*	14	15	16
20 *Nouvelle lune*	21	22	23
27 *Premier quartier*	28	29	30
4	5	6	7

Traqueur d'humeur du mois

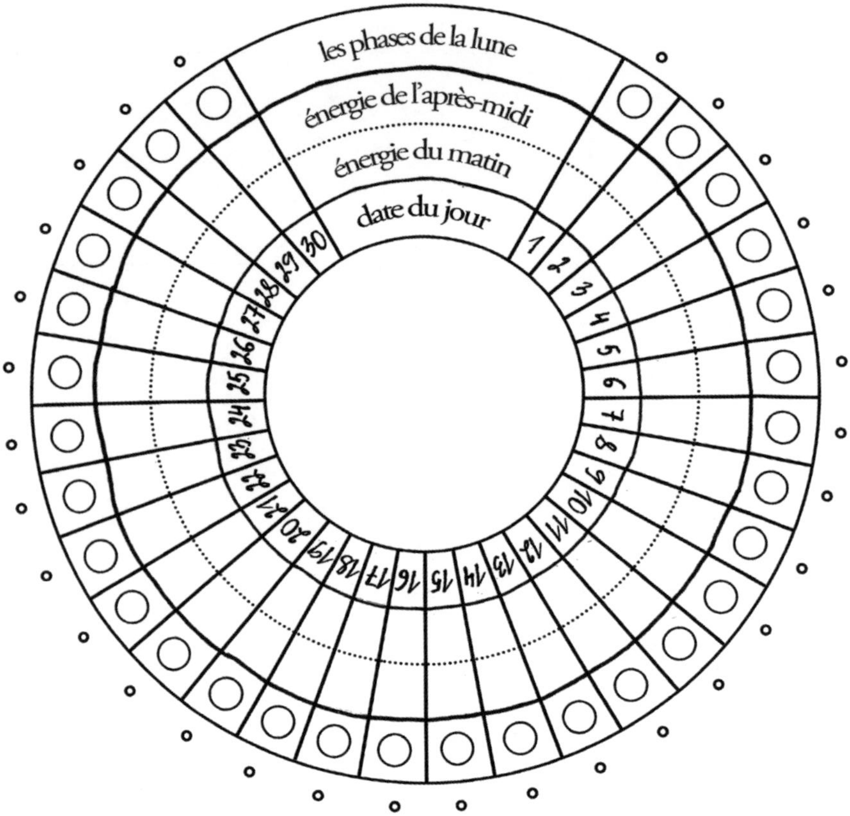

Je suis d'humeur

☐ positive	☐ créative	☐	☐ ....
☐ neutre	☐ spirituelle	☐	☐ ....
☐ négative	☐ angoissée	☐	☐ ....

Tirage du Mois

Voici le tirage général du mois. Il est possible de le faire avec un oracle ou un tarot, cela n'a pas d'importance. Si des lames « sautent » du jeu pendant que vous les battez, mettez-les de côté et gardez-les pour les interpréter à part.

Date de l'étude

........../........../..........

Oracle ou tarot utilisé

....

....

Phase de la lune

....

☐ Tirage avec les lames à l'envers

Le rêve à réaliser et incarner

alliée : lavande

Les peurs à accueillir et écouter

alliées : algues

Le bon moment à créer et partager

alliées : olives

Mots-clés

....

....

....

....

....

....

Analyse du tirage

.... arcanes majeurs

.... arcanes mineurs

.... lames à l'endroit

.... lames à l'envers

☐ Deniers

☐ Épées

☐ Bâtons

☐ Coupes

Interprétation du Tirage

Résumé

SAMEDI 1ER

♌

Film du jour :
La Porte des secrets, un film haletant où l'on touche du doigt l'impact des croyances sur notre vie

07 : 28 *lever du soleil*
20 : 21 *coucher du soleil*
15 : 08 *lever de la lune*
06 : 35 *coucher de la lune*

DIMANCHE 2

♌

07 : 26 *lever du soleil*
20 : 22 *coucher du soleil*
16 : 18 *lever de la lune*
06 : 51 *coucher de la lune*

Sachet pour faire infuser la magie dans les linges de cuisine

Si vous êtes une sorcière appréciant les ambiances parfumées, ce sortilège est idéal pour laisser une odeur délicate sur le linge de cuisine et l'imprégner d'un soupçon de magie. C'est très facile à faire avec la lavande du jardin si celle-ci est généreuse, mais vous pouvez aussi vous en procurer en vrac séchée. Pour le cèdre, je vous conseille de prendre des morceaux assez larges et plats, afin de pouvoir les poncer légèrement pour raviver l'odeur deux fois par an.

Ingrédients

- Lavande (protection, sommeil, pureté, bonheur, paix)
- Cèdre (purification, protection, guérison, argent)
- Écorces/tranches de citron séchées (amour, purification, bonheur)
- Clous de girofle (protection, amour, argent)
- Petits sachets pour contenir (vous pouvez les fabriquer à partir de tissus usés ou les acheter)

Préparation

Ouvrez votre cercle et, dans un grand saladier, ajoutez une poignée de lavande de votre main dominante :

Que ma magie apporte protection, bonheur et paix
Dans mon cœur, mon corps, ma tête et mon esprit.

Puis une autre avec votre main « faible » :

Que ma magie apporte protection, bonheur et paix
À tous ceux que je connais
Et n'oublie pas ceux que je ne connais pas.

Continuez à ajouter au saladier les ingrédients en changeant l'intention (voir liste) puis mélangez avant de glisser dans les sachets à l'aide de vos mains. À glisser dans les armoires à linge entre les torchons et tabliers, mais vous pouvez aussi en déposer dans vos armoires à vêtements du quotidien.

LUNDI 3

Divinité du jour :
Carmenta, divinité romaine et prophétesse d'Arcadie

07 : 24 *lever du soleil*
20 : 24 *coucher du soleil*
17 : 28 *lever de la lune*
07 : 06 *coucher de la lune*

MARDI 4

Personnalité du jour :
Nundjan Djiridjarkan, leader australien indigène, connu pour son combat pour la conservation du savoir aborigène

07 : 22 *lever du soleil*
20 : 25 *coucher du soleil*
18 : 38 *lever de la lune*
07 : 20 *coucher de la lune*

MERCREDI 5

Divinité du jour :
Fortuna ou Fortune, déesse de la Chance, Rome

07 : 20 *lever du soleil*
20 : 27 *coucher du soleil*
19 : 49 *lever de la lune*
07 : 34 *coucher de la lune*

JEUDI 6

Découverte du jour :
Électricité, Michael Faraday, Nikola Tesla et Benjamin Franklin, XVIIIe et XIXe siècles.

07 : 18 *lever du soleil*
20 : 28 *coucher du soleil*
21 : 01 *lever de la lune*
07 : 49 *coucher de la lune*

VENDREDI 7

07 : 16 *lever du soleil*
20 : 30 *coucher du soleil*
22 : 16 *lever de la lune*
08 : 06 *coucher de la lune*

SAMEDI 8

Personnalité du jour :
Gordon White, auteur des *Protocoles du Chaos*, Australie

07 : 14 *lever du soleil*
20 : 31 *coucher du soleil*
23 : 36 *lever de la lune*
08 : 29 *coucher de la lune*

DIMANCHE 9

Végétal du jour :
Lavande

07 : 12 *lever du soleil*
20 : 33 *coucher du soleil*
-- *lever de la lune*
-- *coucher de la lune*

LUNDI 10

07 : 10 *lever du soleil*
20 : 34 *coucher du soleil*
00 : 56 *lever de la lune*
09 : 00 *coucher de la lune*

MARDI 11

Série du jour :
Ghost Whisperer, le quotidien d'une
femme parlant avec les défunts

07 : 08 *lever du soleil*
20 : 36 *coucher du soleil*
02 : 13 *lever de la lune*
09 : 42 *coucher de la lune*

MERCREDI 12

Divinité du jour :
Cérès, déesse de l'Agriculture, des Moissons
et de la Fécondité, Rome

07 : 06 *lever du soleil*
20 : 37 *coucher du soleil*
03 : 23 *lever de la lune*
10 : 39 *coucher de la lune*

JEUDI 13

Végétal du jour :
Cardamome

07 : 04 *lever du soleil*
20 : 39 *coucher du soleil*
04 : 18 *lever de la lune*
11 : 51 *coucher de la lune*

VENDREDI 14

Œuvre du jour :
Vivien, Frederick Sandys,
1829-1904

07 : 02 *lever du soleil*
20 : 40 *coucher du soleil*
04 : 59 *lever de la lune*
13 : 13 *coucher de la lune*

SAMEDI 15

Calendrier des arbres :
Sail – Saule et Staif – Épine noire,
1er jour

07 : 00 *lever du soleil*
20 : 42 *coucher du soleil*
05 : 29 *lever de la lune*
14 : 38 *coucher de la lune*

DIMANCHE 16

Personnalité du jour :
Margot Adler, auteure d'ouvrages
sur le néopaganisme

06 : 58 *lever du soleil*
20 : 43 *coucher du soleil*
05 : 52 *lever de la lune*
16 : 04 *coucher de la lune*

Gaufres salées

Les gaufres sont un de mes péchés mignons. Lors de l'édition des Tables de Lisbeth lilloise (un événement en petit comité où nous nous rassemblons pour cuisiner et parler magie ensemble), j'ai eu l'occasion de goûter de délicieuses gaufres en charmante compagnie – je vous recommande cette très jolie ville. Nous avons l'habitude de les déguster sucrées, mais j'aime les manger salées. Voici quelques idées qui surprendront, j'en suis sûre, et qui vous raviront, je l'espère.

Cette base peut servir aussi bien en salé ou sucré, cela dépendra des ingrédients que vous sélectionnez. Vous trouverez au-dessous quelques idées d'association par thèmes à ajouter à votre préparation. Il n'y a pas de dosage précis pour ces ingrédients, faites en fonction de la consistance de votre pâte, il faut qu'elle puisse se tenir. Bonne dégustation !

- Chanson : *Bruxelles je t'aime* – Angèle (album *Nonante-cinq*)

Ingrédients

- 300 g de farine complète (fertilité, ancrage, protection)
- 1 sachet de levure chimique (multiplicateur de chances de réussite, correspondance personnelle)
- 20 cl de lait (amour, spiritualité)
- 20 cl de bière (purification)
- 70 g de beurre (spiritualité)
- 1 pincée de sel (mise à la terre, ancrage, protection)
- 2 œufs (création, guérison, protection, divination)

Joie dans le foyer

- Moment de la journée : midi
- Chandelle suggérée : jaune ou fuchsia

Ingrédients :

- Cumin (paix, bonheur)
- Pommes de terre à chair ferme vapeur (protection, compassion)
- Petits pois (amour)

Prospérité

- Phase de la lune : premier croissant
- Chandelle suggérée : argent ou vert sombre

Ingrédients :

- Feuilles de basilic frais (amour, protection, argent)
- Tomates confites (santé, argent, amour, protection)
- Pignons de pin (argent, force physique, amour)

Amour et tendresse

- Phase de la lune : pleine lune
- Chandelle suggérée : vert pâle ou ivoire

Ingrédients :

- Origan (paix)
- Persil (protection, sexualité, argent)
- Pignons caramélisés (protection, libération)

Courage et endurance

- Moment de la journée : fin de matinée
- Chandelle suggérée : rouge

Ingrédients :

- Spiruline (énergie physique)
- Fondue de poireaux (protection, force physique)
- Moutarde à l'ancienne (protection, courage)

Pleine conscience

- Phase de la lune : gibbeuse décroissante
- Moment de la journée : crépuscule
- Chandelle suggérée : cire d'abeille naturelle

Ingrédients :

- Champignons de Paris en tranche grillés à la poêle (perceptions psychiques)
- Noix (esprit conscient, protection)
- Olives vertes (spiritualité, santé, paix, sexualité)

SEMAINE DU 17 AU 23 AVRIL

LUNDI 17

06 : 56 *lever du soleil*
20 : 45 *coucher du soleil*
06 : 11 *lever de la lune*
17 : 28 *coucher de la lune*

MARDI 18

Œuvre du jour :
Embroidering the Earth's Mantle,
Remedios Varo, 1961

06 : 54 *lever du soleil*
20 : 46 *coucher du soleil*
06 : 27 *lever de la lune*
18 : 49 *coucher de la lune*

MERCREDI 19

06 : 52 *lever du soleil*
20 : 48 *coucher du soleil*
06 : 43 *lever de la lune*
20 : 09 *coucher de la lune*

JEUDI 20

06 : 50 *lever du soleil*
20 : 49 *coucher du soleil*
07 : 00 *lever de la lune*
21 : 30 *coucher de la lune*

VENDREDI 21

Signe du jour :
Taureau (1er jour)
Élément Terre

06 : 48 *lever du soleil*
20 : 50 *coucher du soleil*
07 : 20 *lever de la lune*
22 : 50 *coucher de la lune*

SAMEDI 22

Célébration du jour :
Jour de la Terre, célébration
environnementale mondiale

06 : 46 *lever du soleil*
20 : 52 *coucher du soleil*
07 : 43 *lever de la lune*
00 : 07 *coucher de la lune*

DIMANCHE 23

06 : 44 *lever du soleil*
20 : 53 *coucher du soleil*
08 : 12 *lever de la lune*
01 : 19 *coucher de la lune*

Étude des cristaux

Les pierres fascinent beaucoup de pratiquants par leur diversité, mais aussi par leur côté mystérieux : il faut creuser profondément la terre (le plus souvent à coup de dynamite) pour aller chercher ces trésors naturels qui mettent pour la plupart des milliards d'années à se former. Voici un espace pour les étudier !

Nom commun : ....

Noms secondaires : ....
....
....
....

Chakras : ....

Signe zodiacal/planète : ....
....
....

Aspect et particularités : ....
....
....

Purification : ....

Entretien : ....
....

Dynamisation : ....
....
....

Propriétés, notes, remarques et usages :

LUNDI 24

Film du jour :
The Love Witch, une sorcière obsédéepar l'Amour cherche désespérément quelqu'un digne du sien

06 : 43	*lever du soleil*
20 : 55	*coucher du soleil*
08 : 50	*lever de la lune*
02 : 20	*coucher de la lune*

MARDI 25

Pierre du jour :
Spinelle

06 : 41	*lever du soleil*
20 : 56	*coucher du soleil*
09 : 39	*lever de la lune*
03 : 11	*coucher de la lune*

MERCREDI 26

Discipline du jour :
Jin Shin, art ancestral japonais qui s'appuie sur l'idée que notre être est traversé par des circuits d'énergie

06 : 39	*lever du soleil*
20 : 58	*coucher du soleil*
10 : 37	*lever de la lune*
03 : 49	*coucher de la lune*

JEUDI 27

06 : 37	*lever du soleil*
20 : 59	*coucher du soleil*
11 : 43	*lever de la lune*
04 : 17	*coucher de la lune*

VENDREDI 28

Divinité du jour :
Flore ou Flora, déesse des Fleurs et de la Végétation du printemps, Italie

06 : 35	*lever du soleil*
21 : 01	*coucher du soleil*
12 : 52	*lever de la lune*
04 : 39	*coucher de la lune*

SAMEDI 29

Œuvre du jour :
Witches Flight, Francisco Goya, 1787-1798

06 : 34	*lever du soleil*
21 : 02	*coucher du soleil*
14 : 02	*lever de la lune*
04 : 57	*coucher de la lune*

DIMANCHE 30

Célébration du jour :
Walpurgisnacht, symbolise la fin de l'hiver, la plantation de l'arbre de mai, Allemagne

06 : 32	*lever du soleil*
21 : 04	*coucher du soleil*
15 : 12	*lever de la lune*
05 : 13	*coucher de la lune*

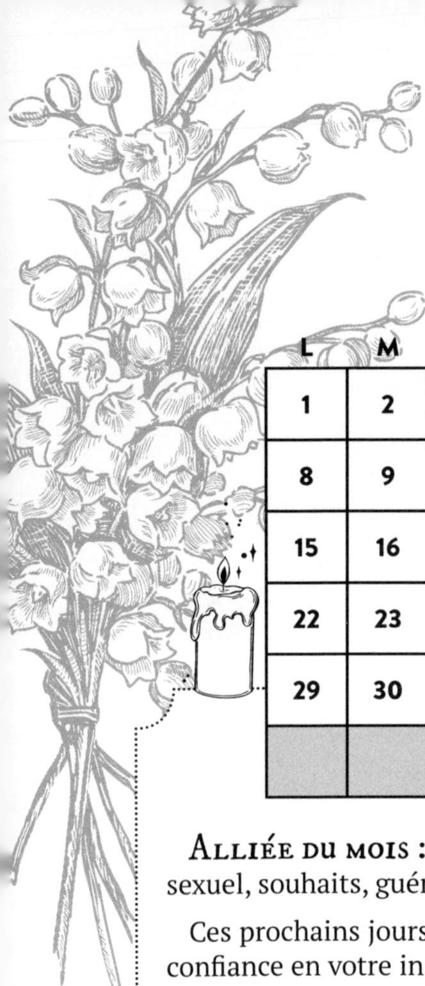

Mai

L	M	M	J	V	S	D
1	2	3	4	5	6	7
8	9	10	11	12	13	14
15	16	17	18	19	20	21
22	23	24	25	26	27	28
29	30	31				

Alliée du mois : violette (protection, chance, amour, désir sexuel, souhaits, guérison)

Ces prochains jours seront sous le signe des rencontres, ayez confiance en votre instinct : il semble que de belles rencontres (amicales et/ou amoureuses) vont se créer ce mois-ci et seront faites pour durer. Préparez des sablés à la violette et faites le vœu d'attirer ces personnes à vous, mais aussi de vous ouvrir à elles.

Phases lunaires :

- 5 : Pleine lune
- 12 : Dernier quartier
- 19 : Nouvelle lune
- 27 : Premier quartier

Sigil du mois : « Je cultive la créativité au quotidien. »

Cuisine de saison

Fruits : cerise • fraise • pamplemousse • rhubarbe • tomate

Légumes : ail • artichaut • asperge • aubergine • betterave • blette • carotte • céleri • chou-fleur • concombre • courgette • épinard • laitue • navet • oignon • petit pois • pomme de terre primeur • radis

Affirmation ou citation du Mois

Important

Sabbat du mois : Beltane - 1er mai

Mai

Lundi	*Mardi*	*Mercredi*
1 Beltane	**2**	**3**
8	**9**	**10**
15	**16**	**17**
22	**23**	**24**
29	**30**	**31**
5	6	7

Jeudi	Vendredi	Samedi	Dimanche
4	5 *Pleine lune*	6	7
11	12 *Dernier quartier*	13	14
18	19 *Nouvelle lune*	20	21
25	26	27 *Premier quartier*	28
1	2	3	4
8	9	10	11

Traqueur d'humeur du mois

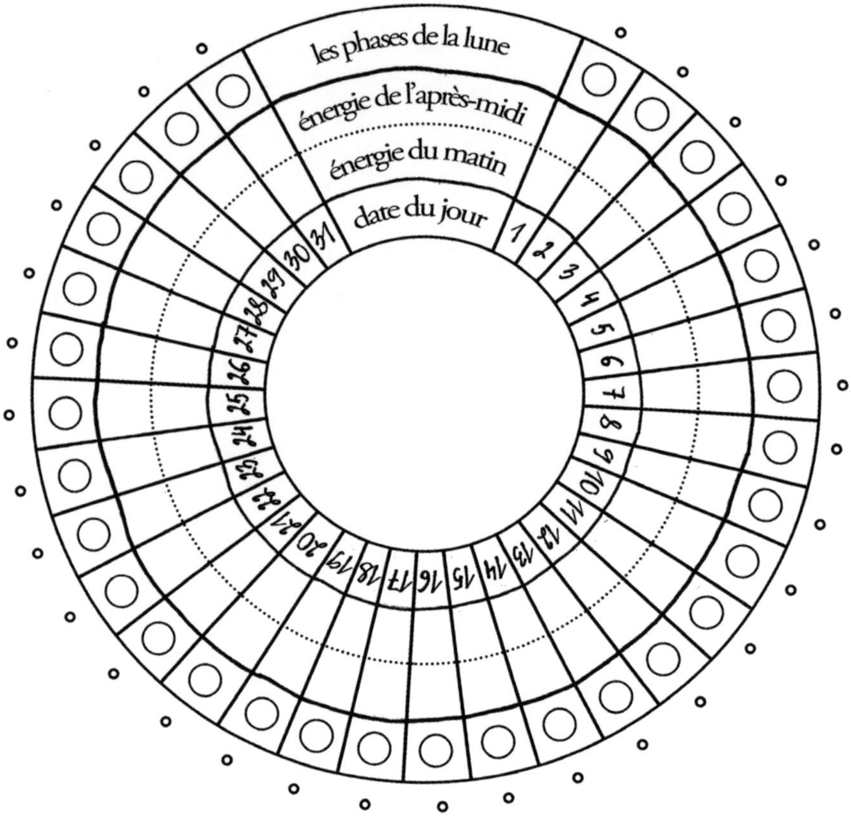

Je suis d'humeur

- ☐ positive
- ☐ neutre
- ☐ négative
- ☐ créative
- ☐ spirituelle
- ☐ angoissée
- ☐ ....
- ☐ ....
- ☐ ....
- ☐ ....
- ☐ ....
- ☐ ....

Tirage du Mois

Voici le tirage général du mois. Il est possible de le faire avec un oracle ou un tarot, cela n'a pas d'importance. Si des lames « sautent » du jeu pendant que vous les battez, mettez-les de côté et gardez-les pour les interpréter à part.

Date de l'étude

.... / .... / ....

Oracle ou tarot utilisé

....

....

Phase de la lune

....

☐ Tirage avec les lames à l'envers

La part sorcière qui cherche à s'exprimer

allié : miel

Les fondations qu'il faut consolider

alliée : échinacée

Ce que j'attends et qui peut se réaliser

alliée : noix de muscade

Mots-clés

....

....

....

....

....

....

Analyse du tirage

.... arcanes majeurs

.... arcanes mineurs

.... lames à l'endroit

.... lames à l'envers

☐ Deniers

☐ Épées

☐ Bâtons

☐ Coupes

Interprétation du Tirage

Résumé

SEMAINE DU 1ER AU 7 MAI

LUNDI 1er

♍

Sabbat du jour :
Beltane, fin de l'hiver, plantation del'arbre de mai, fête du Feu et de la Fertilité

06 : 30	*lever du soleil*
21 : 05	*coucher du soleil*
16 : 20	*lever de la lune*
05 : 27	*coucher de la lune*

MARDI 2

♍

06 : 28	*lever du soleil*
21 : 07	*coucher du soleil*
17 : 31	*lever de la lune*
05 : 40	*coucher de la lune*

MERCREDI 3

♎

Divinité du jour :
Bona Dea, « la Bonne Déesse », déesse de la Chasteté, Rome

06 : 27	*lever du soleil*
21 : 08	*coucher du soleil*
18 : 42	*lever de la lune*
05 : 54	*coucher de la lune*

JEUDI 4

♎

Œuvre du jour :
The Magic Circle, John William Waterhouse, 1886

06 : 25	*lever du soleil*
21 : 10	*coucher du soleil*
19 : 57	*lever de la lune*
06 : 11	*coucher de la lune*

VENDREDI 5

♏

06 : 23	*lever du soleil*
21 : 11	*coucher du soleil*
21 : 16	*lever de la lune*
06 : 32	*coucher de la lune*

SAMEDI 6

♏

Film du jour :
L'Adorable Voisine, une histoire d'amour qui n'est pas gagnée d'avance !

06 : 22	*lever du soleil*
21 : 13	*coucher du soleil*
22 : 38	*lever de la lune*
07 : 00	*coucher de la lune*

DIMANCHE 7

♐

06 : 20	*lever du soleil*
21 : 14	*coucher du soleil*
--	*lever de la lune*
--	*coucher de la lune*

Cuisiner avec des fleurs

Je ne peux vous faire tout l'historique de ce débat sans fin dans ma famille, mais mon père et ma sœur se chamaillent depuis probablement une dizaine d'années parce que, d'après mon père, « les fleurs, cela ne se mange absolument pas ». En grande sœur formidable, je vous annonce que les fleurs se mangent. Et en voici la preuve ! Ceci est une sélection en hommage à ma petite sœur, qui remporte cette bataille qui a bien trop duré.

Le langage des fleurs

C'est à l'époque victorienne, semble-t-il, que l'idée d'un langage caché derrière d'innocents pétales apparaît en Angleterre. Lady Mary Wortley Montagu, aristocrate et épouse de l'ambassadeur anglais à Constantinople, aurait rapporté cette croyance de Perse, au plus grand bonheur des fleuristes. C'est devenu un langage très codifié et complexe qui a créé un nombre de commérages incalculable, le plus souvent par maladresse. Ce langage n'a rien à voir avec la sorcellerie, mais je trouve intéressant de l'intégrer (ou pas) à votre pratique en fonction de votre ressenti.

Choisir ses fleurs

Il vous faudra impérativement des fleurs bio et propres à la consommation. Les fleurs proposées dans cette liste sont sans danger dans la plupart des cas, mais veillez à demander à votre pharmacien et médecin en cas de consommation importante, de traitement particulier, de grossesse ou allaitement.

Des possibilités infinies

Vous ne pouvez pas manquer d'idées concernant les fleurs, mais voici quelques pistes de départ délicieuses.

- Chanson : *Par un matin de mai fleuri* – Paulette Rollin *(Alice au pays des merveilles)*

En glaçons : il vous suffit de couper au maximum la tige de vos fleurs, de les laver à l'eau claire (si vous avez un doute, vous pouvez mettre un peu de bicarbonate et rincer rapidement) avant de les déposer dans un bac à glaçons propre. Recouvrez d'eau non calcaire (les glaçons seront plus transparents) et mettez au congélateur. À servir dans des cocktails l'été !

Sur des sablés : préparez des sablés assez fins de la forme souhaitée et déposez vos fleurs délicatement. Posez une feuille de papier cuisson et passez doucement le rouleau sur chaque biscuit afin de faire adhérer les fleurs. Mettez au four maximum 10 minutes à 160 °C. Si vous avez un doute concernant la tenue des fleurs, ajoutez une pincée de sucre avant cuisson.

En sucre : attention au dosage ici, parce que cela peut être très fort. La lavande est à utiliser avec parcimonie de manière générale, mais ici particulièrement si vous ne voulez pas vous transformer en buisson ou vous intoxiquer. Mixez le sucre avec vos fleurs fraîches, étendez la poudre humide et colorée obtenue sur une plaque propre, avant de la déposer au soleil pour un séchage complet. Une fois la poudre sèche, conservez-la dans un bocal propre et hermétique dans un endroit sec à l'abri de la lumière.

En foccacia : souvent faite en version salée, c'est une recette italienne qui est aussi simple que merveilleuse et qui se marie très bien avec les fleurs. Au moment d'ajouter plus communément du romarin, des olives ou des écorces de citron, optez pour les fleurs. Vous pouvez saupoudrer légèrement de sucre en plus pour une note sucrée-salée.

En câpres : c'est plus simple qu'il n'y paraît ! Il vous faut du gros sel, du vinaigre et une nuit de patience. Les boutons floraux de souci ou de capucine sont délicieux préparés ainsi.

En confitures et gelées : les confitures de rose et violette sont probablement les plus connues, n'hésitez pas à les mélanger avec des fruits et à tester des associations, vous pourriez avoir de belles surprises.

En salades : les différentes parties n'auront pas forcément un goût idéal, pensez à croquer avant d'ajouter, mais c'est une touche colorée qui fait toujours un bel effet dans l'assiette et un excellent sujet de conversation pour vos convives. Certains s'en souviendront encore dix ans plus tard.

Violette - *Viola odorata*

- Langage des fleurs : « Timidement, je vous exprime mes sentiments. »
- Sorcellerie : protection, chance, amour, désir sexuel, souhaits, guérison
- Parties comestibles : fleurs et feuilles

Œillet - *Dianthus plumarius, Dianthus barbatus*

- Langage des fleurs : « Mes sentiments pour vous sont forts et s'amplifient. »
- Sorcellerie : protection, guérison, force
- Parties comestibles : pétales

Genre *Rosa*

- Langage des fleurs :

ROSE BLANCHE : « Vous êtes la pureté même. »

ROSE JAUNE : « M'aimez-vous vraiment ? »

ROSE ROSE : « Notre amitié est tendre et profonde. »

ROSE ROUGE : « Je vous aime passionnément. »

- Sorcellerie : amour, pouvoirs parapsychiques, guérison, divination d'amour, chance, protection
- Parties comestibles : pétales (coupez la base blanche, qui est amère) et cynorrhodons

Souci - *Calendula officinalis*

- Langage des fleurs : « Mon chagrin et ma douleur sont immenses. »
- Sorcellerie : protection, rêves prophétiques, affaires légales, pouvoirs parapsychiques
- Parties comestibles : feuilles, pétales et boutons floraux

Lavande - *Lavandula angustifolia* (*Lavandula officinalis*)

- Langage des fleurs : « Vivons un plaisir intense et sensuel. »
- Sorcellerie : amour, protection, sommeil, chasteté, longévité, purification, bonheur, paix
- Parties comestibles : fleurs (à petite dose) et feuilles (en aromates)

LUNDI 8

Divinité du jour :
Homme vert, ou Homme feuillu, célébration de la nature

06 : 19 *lever du soleil*
21 : 15 *coucher du soleil*
00 : 00 *lever de la lune*
07 : 39 *coucher de la lune*

MARDI 9

Célébration du jour :
Lemuralia, bannissement des mauvais esprits et des âmes errantes, Rome

06 : 17 *lever du soleil*
21 : 17 *coucher du soleil*
01 : 14 *lever de la lune*
08 : 31 *coucher de la lune*

MERCREDI 10

Œuvre du jour :
Fairy Land,
Edward Reginald Frampto, 1906

06 : 16 *lever du soleil*
21 : 18 *coucher du soleil*
02 : 15 *lever de la lune*
09 : 41 *coucher de la lune*

JEUDI 11

Outil du jour :
Huile essentielle de patchouli

06 : 14 *lever du soleil*
21 : 20 *coucher du soleil*
03 : 01 *lever de la lune*
11 : 01 *coucher de la lune*

VENDREDI 12

06 : 13 *lever du soleil*
21 : 21 *coucher du soleil*
03 : 34 *lever de la lune*
12 : 25 *coucher de la lune*

SAMEDI 13

Calendrier des arbres :
Huath – Aubépine, 1er jour

06 : 11 *lever du soleil*
21 : 22 *coucher du soleil*
03 : 58 *lever de la lune*
13 : 50 *coucher de la lune*

DIMANCHE 14

06 : 10 *lever du soleil*
21 : 24 *coucher du soleil*
04 : 17 *lever de la lune*
15 : 12 *coucher de la lune*

Folklore

Originaire d'Allemagne, une vieille tradition voudrait qu'enterrer un œuf frais au seuil de sa maison le 1er mai protège du mal pour toute une année. Il existait probablement un rituel à l'origine mais vous pouvez tout à fait créer le vôtre !

SEMAINE DU 15 AU 21 MAI

LUNDI 15

Outil du jour :
KAosphOruS, Webzine dedié à la Magie du Chaos et à l'occulte, France

06 : 09 *lever du soleil*
21 : 25 *coucher du soleil*
04 : 34 *lever de la lune*
16 : 31 *coucher de la lune*

MARDI 16

Divinité du jour :
Hera, protectrice des femmes et déesse du Mariage, Grèce

06 : 07 *lever du soleil*
21 : 26 *coucher du soleil*
04 : 50 *lever de la lune*
17 : 51 *coucher de la lune*

MERCREDI 17

Série du jour :
Medium, inspirée de l'histoire réelle d'une femme médium ayant aidé la police à résoudre des enquêtes

06 : 06 *lever du soleil*
21 : 28 *coucher du soleil*
05 : 06 *lever de la lune*
19 : 09 *coucher de la lune*

JEUDI 18

06 : 05 *lever du soleil*
21 : 29 *coucher du soleil*
05 : 23 *lever de la lune*
20 : 28 *coucher de la lune*

VENDREDI 19

Personnalité du jour :
Azura Dragon Faether, sorcière draconique et créatrice du Hatchling Clan, États-Unis

06 : 04 *lever du soleil*
21 : 30 *coucher du soleil*
05 : 44 *lever de la lune*
21 : 46 *coucher de la lune*

SAMEDI 20

06 : 02 *lever du soleil*
21 : 32 *coucher du soleil*
06 : 10 *lever de la lune*
23 : 01 *coucher de la lune*

DIMANCHE 21

Signe du jour :
Gémeaux (1er jour)
Élément Air

06 : 01 *lever du soleil*
21 : 33 *coucher du soleil*
06 : 45 *lever de la lune*
00 : 07 *coucher de la lune*

Étude des runes

Saviez-vous que le mot « rune » vient du vieux norrois *rún*, qui signifie « enseignement secret » ou encore « sagesse », en fonction des traducteurs ? L'ancien uthark est un outil incroyable, que l'on décide de l'utiliser pour la divination ou comme alphabet. Chaque rune transmet une force et un message, derrière un nom et un son qui lui sont propres. Ces pages sont présentes pour vous aider à découvrir une partie de leur mystère.

Nom : ....

Phonétique : ....
....
....
....

Élément(s) : ....

Polarité : ....

Symboles associés : ....
....
....
....
....

Couleurs : ....
....
....

Arbres/plantes : ....
....
....

Propriétés, notes, remarques et usages :

LUNDI 22

06 : 00 *lever du soleil*
21 : 34 *coucher du soleil*
07 : 30 *lever de la lune*
01 : 03 *coucher de la lune*

MARDI 23

Végétal du jour :
Patchouli

05 : 59 *lever du soleil*
21 : 35 *coucher du soleil*
08 : 24 *lever de la lune*
01 : 46 *coucher de la lune*

MERCREDI 24

Outil du jour :
Le balai

05 : 58 *lever du soleil*
21 : 37 *coucher du soleil*
09 : 28 *lever de la lune*
02 : 18 *coucher de la lune*

JEUDI 25

Œuvre du jour :
La Femme damnée, Nicolas-François-Octave Tassaert, 1859

05 : 57 *lever du soleil*
21 : 38 *coucher du soleil*
10 : 36 *lever de la lune*
02 : 43 *coucher de la lune*

VENDREDI 26

Divinité du jour :
Airmed, déesse de la Médecine et des Plantes médicinales, Irlande

05 : 56 *lever du soleil*
21 : 39 *coucher du soleil*
11 : 46 *lever de la lune*
03 : 02 *coucher de la lune*

SAMEDI 27

Personnalité du jour :
Marie-Anne Lenormand, cartomancienne et nécromancienne française

05 : 55 *lever du soleil*
21 : 40 *coucher du soleil*
12 : 55 *lever de la lune*
03 : 18 *coucher de la lune*

DIMANCHE 28

05 : 54 *lever du soleil*
21 : 41 *coucher du soleil*
14 : 04 *lever de la lune*
03 : 32 *coucher de la lune*

SEMAINE DU 29 AU 31 MAI

LUNDI 29

♍

Végétal du jour :
Cerisier

05 : 54 *lever du soleil*
21 : 42 *coucher du soleil*
15 : 13 *lever de la lune*
03 : 46 *coucher de la lune*

MARDI 30

♎

Film du jour :
Les Ensorceleuses, les femmes d'une famille sont maudites par leur ancêtre déçue en amour, un film culte !

05 : 53 *lever du soleil*
21 : 43 *coucher du soleil*
16 : 22 *lever de la lune*
03 : 59 *coucher de la lune*

MERCREDI 31

♎

Divinité du jour :
Akka, déesse de la Fertilité, de la Sexualité et de la Force, Finlande

05 : 52 *lever du soleil*
21 : 44 *coucher du soleil*
17 : 35 *lever de la lune*
04 : 15 *coucher de la lune*

Les recettes de pop culture

J'ai probablement commencé la magie des fourneaux avec… les séries télé ! Celle qui inspire le plus ma pratique est *Un soupçon de magie*, avec la merveilleuse Cassie Nightingale. C'est une de mes séries doudou et l'héroïne est une cuisinière hors pair. J'ai visionné toute la série (et les téléfilms qui l'ont précédée) un bon nombre de fois, récupéré tous les noms de recettes et les ai glissés dans mon grimoire façon *kitchen witch*. Les cookies à la cardamome et pépites de chocolat pour raviver l'amour (amical, familial ou sentimental) sont une de mes recettes favorites. Trouvez dans vos références personnelles les recettes qui vous parlent, celles qui créent des émotions chez vous : elles seront déjà chargées d'une partie de l'énergie de vos souvenirs.

Juin

L	M	M	J	V	S	D
			1	2	3	4
5	6	7	8	9	10	11
12	13	14	15	16	17	18
19	20	21	22	23	24	25
26	27	28	29	30		

Alliés du mois : petit pois (communication, amour)

Les beaux jours sont là (du moins, je croise les doigts au moment où je dépose ces mots) et nous avons envie d'aller cavaler dans nos jardins, de nous rassembler. Cependant, certains sont plus loin des yeux que du cœur : pourquoi ne pas écrire de délicieuses lettres à ceux qui habitent loin ? Vous pourriez envoyer une recette que vous avez envie de tester dans votre enveloppe et prévoir une soirée ensemble en visio pour cuisiner et manger ensemble. Juin vous invite à trouver des moyens originaux de communiquer votre affection à vous-même et à vos proches.

Phases lunaires :

- 4 : Pleine lune
- 10 : Dernier quartier
- 18 : Nouvelle lune
- 26 : Premier quartier

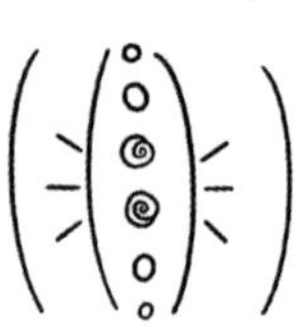

Sigil du mois : « Je consolide mes fondations et éclaircis mon esprit. »

Cuisine de saison

Fruits : abricot • cassis • cerise • citron • fraise • framboise • groseille • melon • pamplemousse • pastèque • pomme • prune • pêche • rhubarbe • tomate • avoine d'hiver et de printemps • colza d'hiver et de printemps • orge d'hiver • pois • seigle

Légumes : ail • artichaut • asperge • aubergine • betterave • blette • brocoli • carotte • céleri • concombre • courgette • épinard • fenouil • haricot vert • laitue • navet • oignon • petit pois • poivron • pomme de terre primeur • radis

Affirmation ou citation du Mois

Important

Sabbat du mois : Litha - 21 juin

Juin

Lundi	Mardi	Mercredi
29	30	31
5	6	7
12	13	14
19	20	21 Litha
26 Premier quartier	27	28
3	4	5

Jeudi	*Vendredi*	*Samedi*	*Dimanche*
1	2	3	4 *Pleine lune*
8	9	10 *Dernier quartier*	11
15	16	17	18 *Nouvelle lune*
22	23	24	25
29	30	1	2
6	7	8	9

Traqueur d'humeur du mois

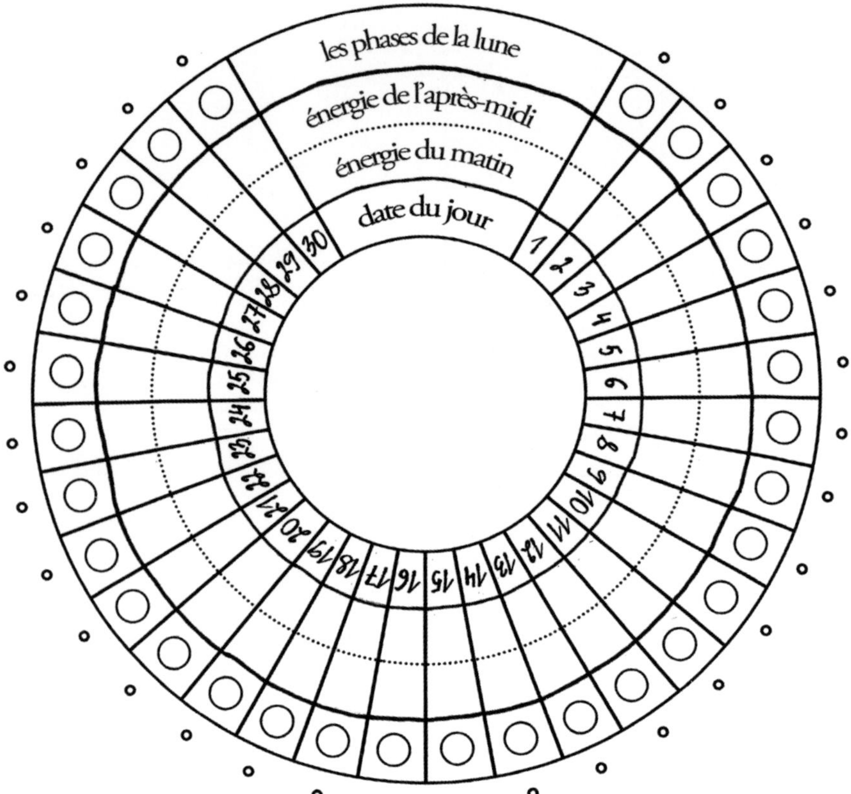

Je suis d'humeur

☐ positive	☐ créative	☐	☐ ....
☐ neutre	☐ spirituelle	☐	☐ ....
☐ négative	☐ angoissée	☐	☐ ....

Tirage du Mois

Voici le tirage général du mois. Il est possible de le faire avec un oracle ou un tarot, cela n'a pas d'importance. Si des lames « sautent » du jeu pendant que vous les battez, mettez-les de côté et gardez-les pour les interpréter à part.

Date de l'étude

...... / ...... / ......

Oracle ou tarot utilisé

....

....

Phase de la lune

....

☐ Tirage avec les lames à l'envers

Ce qui apporte de la souplesse et douceur

alliée : noix de muscade

Le sujet sur lequel je peux avoir la foi les yeux fermés

allié : cumin

Une façon nouvelle d'enchanter le quotidien

allié : chocolat

Mots-clés

....

....

....

....

....

....

Analyse du tirage

.... arcanes majeurs

.... arcanes mineurs

.... lames à l'endroit

.... lames à l'envers

☐ Deniers

☐ Épées

☐ Bâtons

☐ Coupes

Interprétation du Tirage

Résumé

L'hygiène de la *Kitchen Witch*

- Lavez-vous les mains méticuleusement avant de cuisiner, aussi bien pour l'hygiène que le spirituel : tout ce que vous touchez porte une empreinte.
- Pensez à huiler régulièrement vos ustensiles en bois, ils en ont besoin pour durer dans le temps. Pourquoi ne pas ensorceler un flacon pour qu'ils restent robustes, en dessinant un sigil sur celui-ci ?
- Mangez équilibré et n'oubliez pas de danser dans votre cuisine, de rire, de vivre et partager, c'est la meilleure recette du bonheur.

JEUDI 1er

♏

Fait historique du jour :
En 1563, édition d'une série de lois punitives concernant la sorcellerie, Angleterre, Pays de Galles, Irlande

05 : 51 *lever du soleil*
21 : 45 *coucher du soleil*
18 : 52 *lever de la lune*
04 : 33 *coucher de la lune*

VENDREDI 2

♏

Divinité du jour :
Cardea, déesse protectrice des Portes et des Gonds, Rome

05 : 51 *lever du soleil*
21 : 46 *coucher du soleil*
20 : 13 *lever de la lune*
04 : 58 *coucher de la lune*

SAMEDI 3

♏

Couleur du jour :
Gris

05 : 50 *lever du soleil*
21 : 47 *coucher du soleil*
21 : 36 *lever de la lune*
05 : 33 *coucher de la lune*

DIMANCHE 4

♐

05 : 50 *lever du soleil*
21 : 48 *coucher du soleil*
22 : 56 *lever de la lune*
06 : 20 *coucher de la lune*

LUNDI 5

Végétal du jour :
Iris

05 : 49	*lever du soleil*
21 : 49	*coucher du soleil*
--	*lever de la lune*
--	*coucher de la lune*

MARDI 6

05 : 49	*lever du soleil*
21 : 50	*coucher du soleil*
00 : 05	*lever de la lune*
07 : 25	*coucher de la lune*

MERCREDI 7

Célébration du jour :
Vestalia, fête en l'honneur de Vesta, déesse du Foyer où brûlait le Feu sacré de Rome

05 : 48	*lever du soleil*
21 : 51	*coucher du soleil*
00 : 57	*lever de la lune*
08 : 44	*coucher de la lune*

JEUDI 8

Personnalité du jour :
Vae Bataille, sorcière moderne axée sur l'imagination et la *chaos magick*, Canada

05 : 48	*lever du soleil*
21 : 51	*coucher du soleil*
01 : 36	*lever de la lune*
10 : 11	*coucher de la lune*

VENDREDI 9

05 : 47	*lever du soleil*
21 : 52	*coucher du soleil*
02 : 03	*lever de la lune*
11 : 38	*coucher de la lune*

SAMEDI 10

Calendrier des arbres :
Duir – Chêne, 1er jour

05 : 47	*lever du soleil*
21 : 53	*coucher du soleil*
02 : 24	*lever de la lune*
13 : 01	*coucher de la lune*

DIMANCHE 11

Fait historique du jour :
Bridget Bishop, première personne exécutée pour sorcellerie à Salem, États-Unis

05 : 47	*lever du soleil*
21 : 54	*coucher du soleil*
02 : 41	*lever de la lune*
14 : 21	*coucher de la lune*

Un *tea time* magique

Régulièrement, j'organise dans toute la France des événements pour vous rencontrer en petit comité, parler sorcellerie en cuisinant ! L'édition de Lille (dont je vous ai parlé en avril) était dans un lieu adorable avec une immense fenêtre en vitrail ancien, une tablée où nous nous sommes rassemblés à dix dans une ambiance joyeuse et généreuse. Voici quelques recettes tirées de cette superbe journée, en espérant vous faire partager un peu de notre joie.

- Musique : *La Reine d'Angleterre* – Philippe Katerine (album *Philippe Katerine*)
- Phase de la lune conseillée : premier quartier
- Chandelle suggérée : verte, jaune ou rose pâle

Scones nature

Ingrédients (pour 10 personnes) :

- 625 g de farine (fertilité, ancrage, protection)
- 2,5 paquets de levure chimique (multiplicateur de chances de réussite, correspondance personnelle)
- ⅔ c. à c. de sel (mise à la terre, ancrage, protection)
- 75 g de sucre (amour)
- 1,5 verre de lait (amour, spiritualité)
- 125 g de beurre demi-sel (spiritualité)

Recette

1// Dans un saladier, mettez la farine, la levure, le sucre, le sel et mélangez dans le sens inverse des aiguilles d'une montre pour disperser la lourdeur que vous portez sur vos épaules. Si vous cuisinez à plusieurs, tapez-vous les mains pleines de farine sur les épaules des uns et des autres, c'est très drôle à faire, cela fait de la poussière magique !

2// Déposez au centre le beurre ramolli et travaillez du bout des doigts en ajoutant petit à petit le lait pour lier la pâte. N'hésitez pas à vous arrêter avant si la consistance vous convient.

3// Sur une planche farinée, pétrissez légèrement la pâte, puis étendez celle-ci au rouleau sur 2 centimètres d'épaisseur.

4// Découpez des ronds de 5 centimètres de diamètre avec le bord d'un verre fariné ou des emporte-pièces si vous en avez.

5// Posez vos précieux sur une plaque à pâtisserie après avoir choisi chacun un scone porte-chance : le premier qui commence à gonfler dans le four réalisera un vœu pour celui qui en avait fait son champion ! Mettez à cuire au four sans le préchauffer à 220 °C pendant 15 minutes.

Laissez refroidir sur une grille, sinon vous allez vous brûler les doigts.

Canapés

Ingrédients

- 20 tranches de pain de mie d'un blanc lunaire
- 5 carottes (sexualité)
- Beurre de curry (voir recette suivante)

Recette

1// Lavez les carottes et coupez-les en quatre. Faites-les cuire à la vapeur pendant 10-15 minutes puis laissez refroidir. (Je vous conseille de préparer le beurre de curry pendant ce temps et de ranger la cuisine.)

2// Beurrez chaque tranche de pain sur un côté et réservez. Le beurre devrait faire une jolie couleur jaune doré.

3// Réduisez en purée vos carottes, à la fourchette ou au mixeur, salez et poivrez à votre convenance avant de mélanger à nouveau. Répartissez sur la moitié des tranches en veillant à aller au plus proche du bord possible.

4// Fermez les sandwichs et, si vous le pouvez, réservez-les au moins une heure avant de les couper en deux et de les servir. Sinon, coupez directement et servez, cela ira aussi, le pain sera juste un peu moins ferme pour la découpe.

Beurre de curry

C'est quelque chose que j'adore faire lorsque je reçois : des beurres aromatisés ! Nous pouvons être créatifs ici, l'idéal est de le faire sur de petites quantités et de s'amuser. Vous pouvez décliner avec du poivre, du piment d'Espelette, des paillettes de feuille de nori, de l'écorce de citron, du romarin... c'est infini. Si vous venez aux prochaines Tables de Lisbeth, vous pourrez admirer les petits beurriers merveilleux que j'ai achetés pour cette occasion.

Ingrédients

- 100 g de beurre demi-sel (tout beurre doux repéré sera maudit)
- Curry en poudre (à votre convenance, en général j'en mets une bonne cuillère à soupe)

Recette

Mélangez le beurre légèrement mou et le curry dans un bol avant de les déposer dans un contenant que vous garderez à température ambiante le temps de faire les canapés. C'est aussi simple que cela et, parfois, la magie se cache dans les choses les plus simples pour nous émerveiller. C'est une recette très solaire et joyeuse.

LUNDI 12

♈

05 : 47 *lever du soleil*
21 : 54 *coucher du soleil*
02 : 57 *lever de la lune*
15 : 39 *coucher de la lune*

MARDI 13

♈

05 : 46 *lever du soleil*
21 : 55 *coucher du soleil*
03 : 13 *lever de la lune*
16 : 56 *coucher de la lune*

MERCREDI 14

♉

Œuvre du jour :
La Sorcière Baba Yaga,
Ivan Iakovlevitch Bilibine, 1902

05 : 46 *lever du soleil*
21 : 55 *coucher du soleil*
03 : 29 *lever de la lune*
18 : 14 *coucher de la lune*

JEUDI 15

♉

05 : 46 *lever du soleil*
21 : 56 *coucher du soleil*
03 : 49 *lever de la lune*
19 : 31 *coucher de la lune*

VENDREDI 16

♉

Célébration du jour :
Jour du calice d'argent

05 : 46 *lever du soleil*
21 : 56 *coucher du soleil*
04 : 12 *lever de la lune*
20 : 46 *coucher de la lune*

SAMEDI 17

♊

Personnalité du jour :
Starhawk, écrivaine et militante écoféministe et néopaïenne

05 : 46 *lever du soleil*
21 : 57 *coucher du soleil*
04 : 43 *lever de la lune*
21 : 55 *coucher de la lune*

DIMANCHE 18

♊

05 : 46 *lever du soleil*
21 : 57 *coucher du soleil*
05 : 24 *lever de la lune*
22 : 55 *coucher de la lune*

SEMAINE DU 19 AU 25 JUIN

LUNDI 19

♋

Végétal du jour :
Noisetier

05 : 46 *lever du soleil*
21 : 57 *coucher du soleil*
06 : 15 *lever de la lune*
23 : 42 *coucher de la lune*

MARDI 20

♋

Personnalité du jour :
Julia Boschiero, créatrice de la lithosophie, France

05 : 46 *lever du soleil*
21 : 58 *coucher du soleil*
07 : 16 *lever de la lune*
00 : 18 *coucher de la lune*

MERCREDI 21

♌

Sabbat du jour :
Litha, date favorable au *handfasting*, apothéose du cycle solaire

05 : 47 *lever du soleil*
21 : 58 *coucher du soleil*
08 : 22 *lever de la lune*
00 : 45 *coucher de la lune*

JEUDI 22

♌

Signe du jour :
Cancer (1er jour)
Élément Eau

05 : 47 *lever du soleil*
21 : 58 *coucher du soleil*
09 : 32 *lever de la lune*
01 : 06 *coucher de la lune*

VENDREDI 23

♌

05 : 47 *lever du soleil*
21 : 58 *coucher du soleil*
10 : 41 *lever de la lune*
01 : 23 *coucher de la lune*

SAMEDI 24

♍

Célébration du jour :
Journée de fierté Gay wiccane

05 : 47 *lever du soleil*
21 : 58 *coucher du soleil*
11 : 50 *lever de la lune*
01 : 38 *coucher de la lune*

DIMANCHE 25

♍

05 : 48 *lever du soleil*
21 : 58 *coucher du soleil*
12 : 57 *lever de la lune*
01 : 51 *coucher de la lune*

Fiche de lecture

Je vous propose ici une structure pour faire vos fiches de lecture, mais n'hésitez pas à enlever ou ajouter des éléments en fonction de votre méthode et votre logique.

Titre (en français et en anglais s'il s'agit d'une traduction)

Date de parution

Nom et présentation de l'auteur : Ici je parle de l'époque, du lieu et du mode de vie de la personne, si elle a cotoyé certains pratiquants, quels courants elle a étudiés ou auxquels elle a pris part, cela en dit beaucoup sur les gens ! S'il s'agit d'une traduction, je fais une rapide présentation du traducteur avec, à la fin, un indice de fiabilité de la traduction.

4e de couverture : Je la recopie en entier si elle est courte ou en sélectionne les moments clés si elle est trop longue.

Mots-clés : Ce que je pense trouver dans ce livre.

Date de lecture (de début et de fin)

Nom de chapitre : Ensuite, ici, j'utilise un code pour faire ma prise de note :
x- Extraits, références du livre
o- Réflexions et questions personnelles

Avis personnel de fin de lecture

4e de couverture personnelle : Est-ce que la 4e originelle me paraît complète et honnête ? Si je devais l'écrire, que contiendrait-elle ?

LUNDI 26

♎

05 : 48	*lever du soleil*
21 : 59	*coucher du soleil*
14 : 05	*lever de la lune*
02 : 04	*coucher de la lune*

MARDI 27

♎

Personnalité du jour :
Scott Cunningham, auteur de livres sur la Wicca et la magie en général

05 : 49	*lever du soleil*
21 : 58	*coucher du soleil*
15 : 15	*lever de la lune*
02 : 18	*coucher de la lune*

MERCREDI 28

♎

Œuvre du jour :
La Vision de Faust,
Luis Riccardo Falero, 1878

05 : 49	*lever du soleil*
21 : 58	*coucher du soleil*
16 : 28	*lever de la lune*
02 : 35	*coucher de la lune*

JEUDI 29

♏

Végétal du jour :
Jasmin

05 : 50	*lever du soleil*
21 : 58	*coucher du soleil*
17 : 46	*lever de la lune*
02 : 57	*coucher de la lune*

VENDREDI 30

♏

05 : 50	*lever du soleil*
21 : 58	*coucher du soleil*
19 : 08	*lever de la lune*
03 : 26	*coucher de la lune*

« Si vous n'êtes pas capable d'un peu de sorcellerie, ce n'est pas la peine de vous mêler de cuisine. »

Sidonie-Gabrielle Colette

3e Trimestre

Juillet - Août - Septembre

Sous le signe du Feu

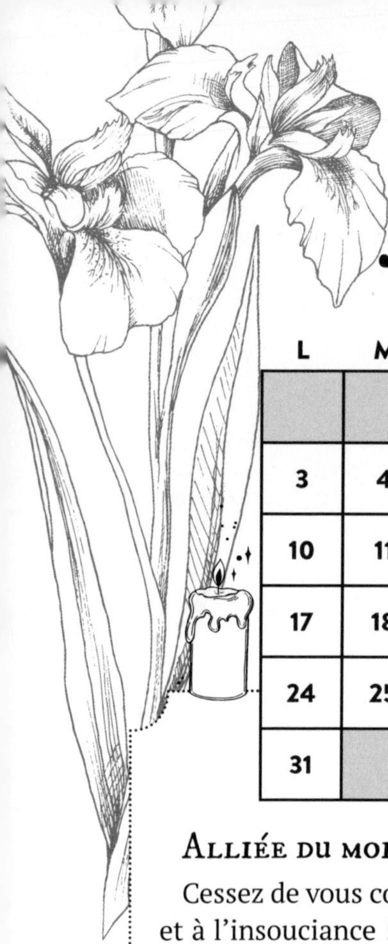

JUILLET

L	M	M	J	V	S	D
					1	2
3	4	5	6	7	8	9
10	11	12	13	14	15	16
17	18	19	20	21	22	23
24	25	26	27	28	29	30
31						

Alliée du mois : pomme de terre (ancrage, simplicité)

Cessez de vous compliquer la vie inutilement, place au plaisir et à l'insouciance ! Sortez la tête des livres et listes de tâches, offrez-vous de vrais moments de liberté et de vie qui feront de merveilleux souvenirs : laissez-vous porter.

Phases lunaires :

- 3 : Pleine lune
- 10 : Dernier quartier
- 17 : Nouvelle lune
- 26 : Premier quartier

Sigil du mois : « Tout ce dont j'ai besoin est, j'ai confiance en moi pour réaliser mes aspirations. »

Cuisine de saison

Fruits : abricot • cassis • cerise • figue • fraise • framboise • groseille • melon • myrtille • nectarine • pastèque • pêche • poire • prune • rhubarbe • tomate • avoine d'hiver et de printemps • blé dur d'hiver et de printemps • blé tendre d'hiver et de printemps • colza d'hiver et de printemps • fève • orge d'hiver et de printemps • pois • seigle • triticale

Légumes : ail • artichaut • asperge • aubergine • betterave • blette • brocoli • carotte • céleri • concombre • courge • courgette • épinard • fenouil • haricot vert • laitue • maïs • oignon • petit pois • poivron • pomme de terre primeur • radis

Affirmation ou citation du Mois

Important

JUILLET

Lundi	Mardi	Mercredi
26	27	28
3 *Pleine lune*	4	5
10 *Dernier quartier*	11	12
17 *Nouvelle lune*	18	19
24	25	26 *Premier quartier*
31	1	2

Jeudi	*Vendredi*	*Samedi*	*Dimanche*
29	30	**1**	**2**
6	**7**	**8**	**9**
13	**14**	**15**	**16**
20	**21**	**22**	**23**
27	**28**	**29**	**30**
3	4	5	6

Traqueur d'humeur du mois

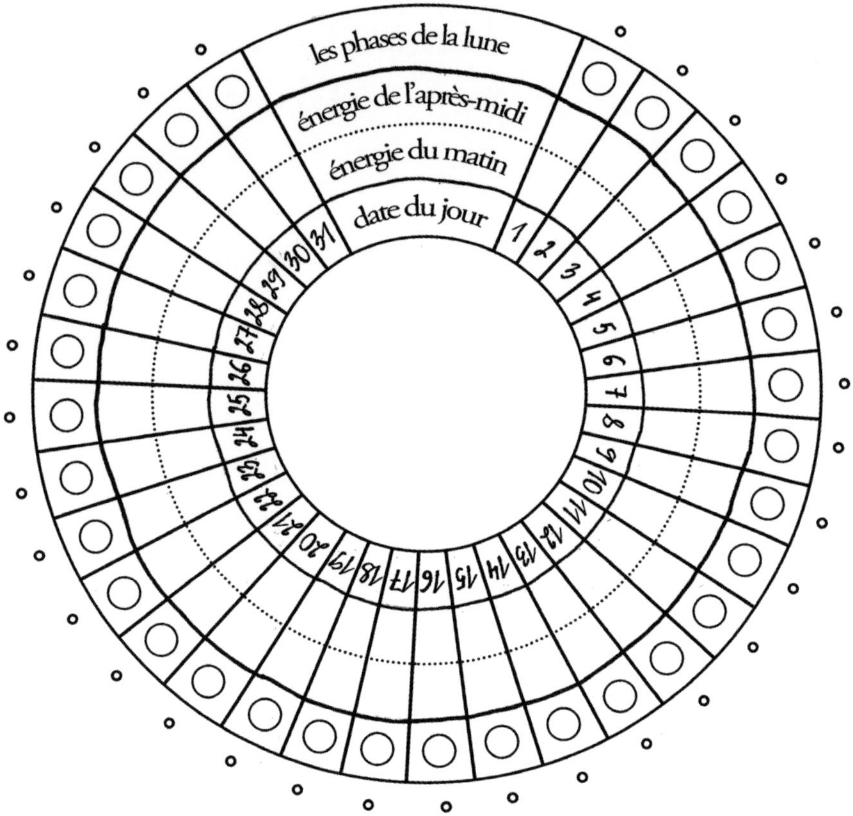

Je suis d'humeur

☐ positive	☐ créative	☐	☐ ....
☐ neutre	☐ spirituelle	☐	☐ ....
☐ négative	☐ angoissée	☐	☐ ....

Tirage du Mois

Voici le tirage général du mois. Il est possible de le faire avec un oracle ou un tarot, cela n'a pas d'importance. Si des lames « sautent » du jeu pendant que vous les battez, mettez-les de côté et gardez-les pour les interpréter à part.

Date de l'étude

....../....../......

Oracle ou tarot utilisé

....

....

Phase de la lune

....

☐ Tirage avec les lames à l'envers

Le besoin qui a besoin d'être exprimé avant que je ne m'emporte

allié : piment

Un sujet émotionnel qui a besoin de mon attention

alliée : ortie

L'image que je renvoie aux autres dans mes interactions

alliée : coriandre

Mots-clés

....

....

....

....

....

....

Analyse du tirage

.... arcanes majeurs

.... arcanes mineurs

.... lames à l'endroit

.... lames à l'envers

☐ Deniers

☐ Épées

☐ Bâtons

☐ Coupes

Interprétation du Tirage

Résumé

SAMEDI 1ER

♐ Outil du jour : Coquillages

05 : 51 *lever du soleil*
21 : 58 *coucher du soleil*
20 : 30 *lever de la lune*
04 : 06 *coucher de la lune*

DIMANCHE 2

♐

05 : 52 *lever du soleil*
21 : 58 *coucher du soleil*
21 : 45 *lever de la lune*
05 : 04 *coucher de la lune*

Thés et infusions aux fruits frais

Un excellent moyen de ne pas surcharger ses placards de thés et infusions tout en ajoutant des ingrédients frais. Dans un mortier, écrasez des fruits frais, fleurs et/ou épices avec une pincée de sucre pour faciliter la mise en purée, puis versez dans une cafetière à piston avec le thé de votre choix. Recouvrez d'eau chaude pour laisser infuser, pressez et dégustez. Je vous propose trois de mes mélanges favoris et j'ai hâte de découvrir vos créations.

- Musique : *Rose hybride de thé* - Émilie Simon *(Végétal)*
- Phase de la lune conseillée : gibbeuse croissante
- Chandelle suggérée : dorée ou blanche

Thés aux fruits frais

Pour une douce journée

- Basilic frais (amour, protection, argent)
- Clémentine (douceur, joie de vivre, espoir)
- Thé *honeybush* (tendresse, clarté d'esprit)

Coup de fouet

- Pêche (amour, santé, bonheur, sagesse)
- Piment (argent, guérison)
- Thé noir (bannissement, courage)

Inspiration

- Myrtille (protection)
- Mangue (protection, fertilité, amour)
- Matcha (pouvoir personnel, passion)

Infusions de fruits à froid

Grâce à Marie Laforêt (autrice incontournable pour toute personne intéressée par la cuisine végétale) dans son ouvrage *Boissons saines et gourmandes*, j'ai adoré jouer au petit chimiste pour faire des expériences et vous invite à faire de même : il vous suffit de simplement changer les ingrédients.

Ingrédients

- 100 g de pêches jaunes (amour, santé, bonheur, sagesse)
- 100 g de cerises dénoyautées (amour, affection) (vous pouvez jouer avec les quantités en fonction de vos goûts)
- 750 ml d'eau pétillante
- 1 c. à s. de sirop d'orgeat ou de sirop d'agave

Recette

Coupez grossièrement la chair des fruits. Réduisez en purée dans un mortier ou mixez. Filtrez à l'aide d'une passoire la purée obtenue, mélangez doucement avec l'eau pétillante dans une carafe ou une bouteille en verre, sucrez avec le sirop de votre choix. À déguster dans les 48 heures et conserver au frais.

Astuce supplémentaire : Préparez en avance vos mélanges et faites des glaçons prêts à l'emploi.

LUNDI 3

Personnalité du jour :
Eryn, sorcière et herboriste créatrice du blog In Cauda Venenum et de la boutique Les Herbes d'Avalon, France

05 : 52 *lever du soleil*
21 : 57 *coucher du soleil*
22 : 46 *lever de la lune*
06 : 19 *coucher de la lune*

MARDI 4

05 : 53 *lever du soleil*
21 : 57 *coucher du soleil*
23 : 32 *lever de la lune*
07 : 47 *coucher de la lune*

MERCREDI 5

05 : 54 *lever du soleil*
21 : 57 *coucher du soleil*
-- *lever de la lune*
-- *coucher de la lune*

JEUDI 6

Découverte du jour :
ADN, James Watson et Francis Crick, 1953

05 : 54 *lever du soleil*
21 : 56 *coucher du soleil*
00 : 04 *lever de la lune*
09 : 17 *coucher de la lune*

VENDREDI 7

05 : 55 *lever du soleil*
21 : 56 *coucher du soleil*
00 : 28 *lever de la lune*
10 : 44 *coucher de la lune*

SAMEDI 8

Calendrier des arbres :
Tinne – Houx, 1er jour

05 : 56 *lever du soleil*
21 : 55 *coucher du soleil*
00 : 47 *lever de la lune*
12 : 08 *coucher de la lune*

DIMANCHE 9

Œuvre du jour :
La Cuisine des sorcières,
David Teniers Le Jeune, 1635

05 : 57 *lever du soleil*
21 : 55 *coucher du soleil*
01 : 03 *lever de la lune*
13 : 28 *coucher de la lune*

Simplicité et feu solaire

Ce sont des recettes que j'attends de faire chaque année avec impatience. Elles ont ravi ma famille, mon compagnon, mes amis, et j'espère qu'elles vous feront le même effet. Petite note : il est possible de trouver du vinaigre de mangue tout prêt qui se conservera plus longtemps. Pour ceux qui n'en auraient pas dans les magasins proches, je vous propose une recette à faire vous-même. Si vous en avez l'occasion, rendez-vous dans la boutique La Maison du Biscuit, qui est une de mes boutiques doudou, en Normandie : ils ont du vinaigre de mangue. Je ne peux vous promettre que vous ne repartirez qu'avec cela !

Vinaigre de mangue

- Musique : *La Fille d'Ipanema* – Pauline Croze (album *Bossa Nova*)
- Moment de la journée : idéal pour un déjeuner tardif
- Chandelle suggérée : rouge

Ingrédients

- 25 cl de vinaigre blanc balsamique (purification, protection)
- 150 g de mangue (protection, sexualité, amour)

Recette

Faites revenir la mangue coupée en petits cubes dans 10 centilitres de vinaigre blanc pendant 5 minutes, puis ajoutez le reste du vinaigre. Laissez macérer une semaine dans un bocal fermé au frais. Mixez et c'est prêt ! Vérifiez régulièrement, mais normalement cela devrait être consommable pour deux mois en fonction de votre vinaigre et de votre contenant.

Carpaccio solaire

- Musique : *Sexy Cool* – Philippe Katerine (album *Magnum*)
- Moment de la journée : midi
- Chandelle suggérée : cire d'abeille naturelle
- Je vous invite à vous tourner vers l'est pour cette recette qui sent tellement bon le soleil.

Ingrédients (pour 1 personne)

- 1 tomate cœur-de-bœuf (santé, argent, amour, protection)
- 1 nectarine (amour)
- ½ échalote (purification, bannissement)
- Vinaigre de mangue
- Ciboulette fraîche (libération, purification, protection)
- Huile d'olive (santé, paix)
- Fleur de sel (mise à la terre, couper avec le monde psychique, protection)

Recette

1// Lavez les légumes en pensant à tous les tracas qui vous parasitent l'esprit qui s'en vont dans l'eau.

2// Coupez en tranches fines la tomate et la nectarine, déposez-les en soleil en commençant par l'extérieur de l'assiette. L'idée est de faire une rangée complète avec des rangs plus ou moins serrés pour tout faire tenir dans votre contenant (vous pouvez aussi prévoir un second service ou tout mettre dans un grand plat).

3// Prenez l'huile et formez un escargot partant du centre dans le sens des aiguilles d'une montre en veillant à ne pas inonder le plat. Répétez l'opération avec le vinaigre de mangue.

4// Ciselez la ciboulette et l'échalote avant de les répartir sur le plat de votre main dominante pour rappeler au Soleil que s'il contrôle sa course, vous êtes une sorcière qui décide du cours de sa vie personnelle. Salez légèrement. Servez !

5// Mangez en visualisant un fragment de Soleil irradier en vous et vous apporter sa joie et chaleur pour la journée.

LUNDI 10

♈

05 : 58 *lever du soleil*
21 : 54 *coucher du soleil*
01 : 19 *lever de la lune*
14 : 46 *coucher de la lune*

MARDI 11

♉

Ingrédient du jour :
Citron

05 : 59 *lever du soleil*
21 : 53 *coucher du soleil*
01 : 36 *lever de la lune*
16 : 04 *coucher de la lune*

MERCREDI 12

♉

Créature du jour :
Kappa, « garçon de la rivière », génie ou diablotin d'eau, Japon

06 : 00 *lever du soleil*
21 : 53 *coucher du soleil*
01 : 54 *lever de la lune*
17 : 21 *coucher de la lune*

JEUDI 13

♉

Personnalité du jour :
John Dee, occultiste britannique passionné par l'alchimie, la divination et l'hermétisme

06 : 01 *lever du soleil*
21 : 52 *coucher du soleil*
02 : 16 *lever de la lune*
18 : 36 *coucher de la lune*

VENDREDI 14

♊

06 : 02 *lever du soleil*
21 : 51 *coucher du soleil*
02 : 44 *lever de la lune*
19 : 47 *coucher de la lune*

SAMEDI 15

♊

06 : 03 *lever du soleil*
21 : 50 *coucher du soleil*
03 : 22 *lever de la lune*
20 : 49 *coucher de la lune*

DIMANCHE 16

♋

06 : 04 *lever du soleil*
21 : 49 *coucher du soleil*
04 : 09 *lever de la lune*
21 : 40 *coucher de la lune*

SEMAINE DU 17 AU 23 JUILLET

LUNDI 17

06 : 05 *lever du soleil*
21 : 48 *coucher du soleil*
05 : 07 *lever de la lune*
22 : 19 *coucher de la lune*

MARDI 18

Célébration du jour :
Fête d'Ogma et Ogmios

06 : 06 *lever du soleil*
21 : 47 *coucher du soleil*
06 : 12 *lever de la lune*
22 : 48 *coucher de la lune*

MERCREDI 19

Fait historique du jour :
Pendaison de Rebecca Nurse à Salem en 1692, États-Unis

06 : 07 *lever du soleil*
21 : 46 *coucher du soleil*
07 : 21 *lever de la lune*
23 : 11 *coucher de la lune*

JEUDI 20

06 : 08 *lever du soleil*
21 : 45 *coucher du soleil*
08 : 30 *lever de la lune*
23 : 29 *coucher de la lune*

VENDREDI 21

06 : 10 *lever du soleil*
21 : 44 *coucher du soleil*
09 : 39 *lever de la lune*
23 : 44 *coucher de la lune*

SAMEDI 22

Œuvre du jour :
Renaud et l'Enchanteresse Armide, Antoine van Dyck, 1629-1632

06 : 11 *lever du soleil*
21 : 43 *coucher du soleil*
10 : 46 *lever de la lune*
23 : 57 *coucher de la lune*

DIMANCHE 23

06 : 12 *lever du soleil*
21 : 42 *coucher du soleil*
11 : 53 *lever de la lune*
00 : 10 *coucher de la lune*

Fiche de correspondances

Il s'agit ici de rassembler des correspondances pour un problème ou une intention magique : soulager la tristesse, faciliter le sommeil, se souvenir de ses rêves ou stimuler sa mémoire pour un examen, les possibilités sont infinies.

Sujet d'étude :

....

Zodiaque : ....

Phase lunaire/solaire : ....

Élément : ....

Chiffre : ....

Sens : ....

Couleurs : ....

Pierre et minéraux : ....

....

....

Animaux : ....

....

....

Outils : ....

....

....

Système solaire : ....

Saison : ....

Direction : ....

Jour de la semaine : ....

Polarité : ....

Arbres et plantes : ....

....

....

Ingrédients : ....

....

....

Insectes : ....

Créatures magiques : ....

Outils : ....

....

....

Symboles, mythes, contes, souvenirs...

LUNDI 24

Signe du jour :
Lion (1er jour)
Élément Feu

06 : 13 *lever du soleil*
21 : 41 *coucher du soleil*
13 : 01 *lever de la lune*
00 : 23 *coucher de la lune*

MARDI 25

Végétal du jour :
Grenadier

06 : 15 *lever du soleil*
21 : 40 *coucher du soleil*
14 : 11 *lever de la lune*
00 : 39 *coucher de la lune*

MERCREDI 26

Outil du jour :
Miroir noir

06 : 16 *lever du soleil*
21 : 38 *coucher du soleil*
15 : 26 *lever de la lune*
00 : 57 *coucher de la lune*

JEUDI 27

Personnalité du jour :
Judika Illes, tarologue, aromathérapeuthe et autrice d'ouvrages sur la sorcellerie, États-Unis

06 : 17 *lever du soleil*
21 : 37 *coucher du soleil*
16 : 43 *lever de la lune*
01 : 22 *coucher de la lune*

VENDREDI 28

06 : 18 *lever du soleil*
21 : 36 *coucher du soleil*
18 : 04 *lever de la lune*
01 : 56 *coucher de la lune*

SAMEDI 29

Animal du jour :
Escargot

06 : 20 *lever du soleil*
21 : 34 *coucher du soleil*
19 : 22 *lever de la lune*
02 : 44 *coucher de la lune*

DIMANCHE 30

06 : 21 *lever du soleil*
21 : 33 *coucher du soleil*
20 : 29 *lever de la lune*
03 : 51 *coucher de la lune*

LUNDI 31

Personnalité du jour :
J. K. Rowling, auteure de la célèbre série *Harry Potter*

06 : 22 *lever du soleil*
21 : 32 *coucher du soleil*
21 : 22 *lever de la lune*
05 : 13 *coucher de la lune*

Salade de lentilles pour vivre libre

Les Romains croyaient que les lentilles retardaient le sommeil : il vaut peut-être mieux les manger à midi. Cette recette me fait toujours penser à Hyena Soul Shadow, esprit libre par excellence et cartomancienne aussi incroyable que son franc-parler. Si vous vous sentez coincé·e, impuissant·e ou en manque de quelque chose que vous n'arrivez pas à identifier, ce sortilège est idéal : il amène de la légèreté et du mouvement. Quoi de mieux pour honorer cette espièglerie que de vous proposer trois chansons au lieu d'une !

- Musique : *À notre santé* – Bénabar (album *Bénabar)* ; *Fais pas ci, fais pas ça* – Jacques Dutronc (album *Il est cinq heures*) ; *J'ai dix ans* – Alain Souchon (album *J'ai dix ans*)
- Moment de la journée : midi
- Chandelle suggérée : cire d'abeille naturelle

Ingrédients

- 1 tasse de lentilles noires crues (paix)
- 3 feuilles de laurier (protection, perceptions psychiques, guérison, purification)
- 1 oignon (protection, libération)
- 1 branche de thym (amour, perceptions psychiques, purification)
- 2 clous de girofle (amour, argent, protection)

Recette

1// Dans un saladier, lavez vos lentilles à l'eau froide une première fois, videz l'eau et réservez. Coupez l'oignon grossièrement en morceaux d'environ 1 centimètre.

2// Dans une casserole, faites revenir l'oignon à feu moyen-doux dans un peu d'huile jusqu'à ce qu'il devienne légèrement translucide. Ajoutez les lentilles et recouvrez d'eau froide, environ deux fois leur volume. Il est important de ne pas saler l'eau : la coque des lentilles est riche en fibres et durcit au contact de l'eau salée, les lentilles « éclateraient » et seraient réduites en purée à cause du sel.

3// Ajoutez les 3 feuilles de laurier en faisant un vœu pour chacune (voir les thèmes dans les ingrédients si vous manquez d'inspiration), la branche de thym et les 2 clous de girofle.

4// Mettez vos mains à quelques centimètres de chaque côté de la casserole pour ne pas vous brûler et murmurez :

Ici et maintenant la magie est vivante et libre.

J'incarne cette magie, passionnée et instinctive.

Je suis le chat intrépide et débrouillard aux mille vies, cicatrices et aventures.

Magie, fais-moi à ton image et soyons libres ensemble.

Ainsi soit-il.

5// Laissez cuire 15 minutes à feu moyen. Lorsqu'elles sont presque cuites, égouttez-les et laissez refroidir dans une casserole avec un couvercle : elles vont finir de gonfler et cuire sans eau. Si vous voulez en conserver une partie, mettez un filet d'huile, elles se tiendront mieux plus longtemps.

Août

L	M	M	J	V	S	D
	1	2	3	4	5	6
7	8	9	10	11	12	13
14	15	16	17	18	19	20
21	22	23	24	25	26	27
28	29	30	31			

Alliée du mois : fraise (entente, compassion)

Nous sommes souvent si durs avec nous-mêmes, bien plus qu'avec les autres… Est-ce juste ? Si quelqu'un se comportait avec une personne que vous aimez comme vous le faites avec vous-même, la laisseriez-vous faire ? La fraise invite à faire preuve de tendresse envers soi.

Phases lunaires :

- 1 et 31 : Pleine lune
- 8 : Dernier quartier
- 16 : Nouvelle lune
- 24 : Premier quartier

Sigil du mois : « La gentillesse vit en moi et se diffuse autour de moi. »

Cuisine de saison

Fruits : abricot • cassis • figue • fraise • framboise • groseille • melon • mirabelle • myrtille • mûre • nectarine • noisette • pastèque • pêche • poire • pomme • prune • pruneau • raisin • tomate • avoine d'hiver et de printemps • blé dur d'hiver et de printemps • blé tendre d'hiver et de printemps • fève • orge de printemps • pois • seigle • triticale

Légumes : ail • artichaut • aubergine • betterave • blette • brocoli • carotte • céleri • concombre • courge • courgette • épinard • fenouil • frisée • haricot vert • laitue • maïs • oignon • poivron • pomme de terre primeur • radis

Affirmation ou citation du Mois

Important

Sabbat du mois : Lugnasad - 1er août

Août

Lundi	Mardi	Mercredi
31	1 *Lugnasad* *Pleine lune*	2
7	8 *Dernier quartier*	9
14	15	16 *Nouvelle lune*
21	22	23
28	29	30
4	5	6

Jeudi	Vendredi	Samedi	Dimanche
3	4	5	6
10	11	12	13
17	18	19	20
24 *Premier quartier*	25	26	27
31 *Pleine lune*	1	2	3
7	8	9	10

Traqueur d'humeur du mois

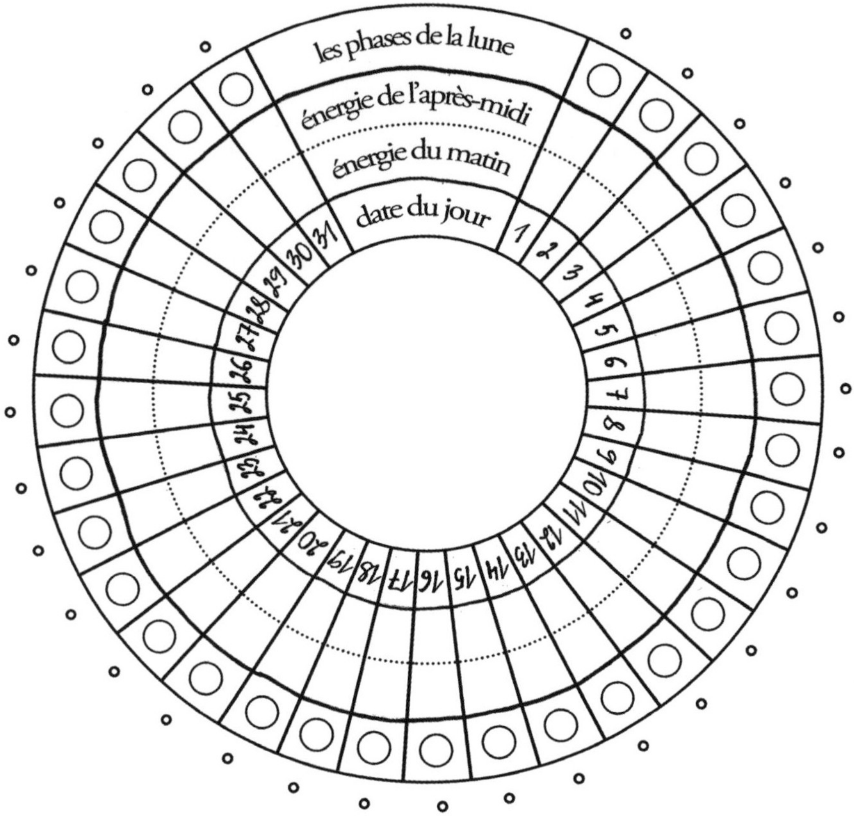

Je suis d'humeur

☐ positive	☐ créative	☐	☐ ....
☐ neutre	☐ spirituelle	☐	☐ ....
☐ négative	☐ angoissée	☐	☐ ....

Tirage du Mois

Voici le tirage général du mois. Il est possible de le faire avec un oracle ou un tarot, cela n'a pas d'importance. Si des lames « sautent » du jeu pendant que vous les battez, mettez-les de côté et gardez-les pour les interpréter à part.

Date de l'étude

........../........./..........

Phase de la lune

....

Oracle ou tarot utilisé

....

....

☐ Tirage avec les lames à l'envers

Un indice sur comment dénouer un blocage dans ma pratique

allié : arbre à thé

Quelqu'un ou quelque chose avec lequel je dois être patient·e

allié : hamamélis

Un conseil de mes guides, ancêtres et/ou esprits protecteurs

alliée : menthe

Mots-clés

....

....

....

....

....

....

Analyse du tirage

.... arcanes majeurs

.... arcanes mineurs

.... lames à l'endroit

.... lames à l'envers

☐ Deniers

☐ Épées

☐ Bâtons

☐ Coupes

Interprétation du Tirage

Résumé

MARDI 1er

♑

Sabbat du jour :
Lugnasad, fête du Pain et de la Première Récolte

06 : 24 *lever du soleil*
21 : 30 *coucher du soleil*
22 : 00 *lever de la lune*
06 : 44 *coucher de la lune*

MERCREDI 2

♒

Personnalité du jour :
Edward Kelley, alchimiste, scribe et homme de loi anglais

06 : 25 *lever du soleil*
21 : 29 *coucher du soleil*
22 : 28 *lever de la lune*
08 : 16 *coucher de la lune*

JEUDI 3

♒

Célébration du jour :
Margarita de minuit

06 : 26 *lever du soleil*
21 : 27 *coucher du soleil*
22 : 50 *lever de la lune*
09 : 44 *coucher de la lune*

VENDREDI 4

♓

06 : 28 *lever du soleil*
21 : 26 *coucher du soleil*
23 : 08 *lever de la lune*
11 : 09 *coucher de la lune*

SAMEDI 5

♓

Calendrier des arbres :
Coll – Noisetier, Quert – Pommier sauvage, 1er jour

06 : 29 *lever du soleil*
21 : 24 *coucher du soleil*
23 : 24 *lever de la lune*
12 : 31 *coucher de la lune*

DIMANCHE 6

♈

06 : 30 *lever du soleil*
21 : 23 *coucher du soleil*
23 : 41 *lever de la lune*
13 : 51 *coucher de la lune*

Préparez l'hiver et le printemps prochain

Pensez à faire des bocaux si vous ne voulez pas passer l'hiver à manger du chou et des pommes de terre, mais aussi à récolter, laver et ranger précieusement vos graines pour qu'à la fin du rude hiver vous puissiez planter vos semis.

LUNDI 7

06 : 32 *lever du soleil*
21 : 21 *coucher du soleil*
23 : 58 *lever de la lune*
15 : 10 *coucher de la lune*

MARDI 8

Végétal du jour :
Datura

06 : 33 *lever du soleil*
21 : 19 *coucher du soleil*
-- *lever de la lune*
-- *coucher de la lune*

MERCREDI 9

Personnalité du jour :
Iris, médium et tarologue passionnée par l'Égypte, créatrice du blog Les chroniques du tarot, France

06 : 35 *lever du soleil*
21 : 18 *coucher du soleil*
00 : 19 *lever de la lune*
16 : 27 *coucher de la lune*

JEUDI 10

Pierre du jour :
Opale

06 : 36 *lever du soleil*
21 : 16 *coucher du soleil*
00 : 46 *lever de la lune*
17 : 40 *coucher de la lune*

VENDREDI 11

06 : 37 *lever du soleil*
21 : 14 *coucher du soleil*
01 : 20 *lever de la lune*
18 : 44 *coucher de la lune*

SAMEDI 12

06 : 39 *lever du soleil*
21 : 13 *coucher du soleil*
02 : 04 *lever de la lune*
19 : 39 *coucher de la lune*

DIMANCHE 13

Divinité du jour :
Pomone ou Pomona, nymphe et déesse des Fruits

06 : 40 *lever du soleil*
21 : 11 *coucher du soleil*
02 : 59 *lever de la lune*
20 : 20 *coucher de la lune*

Clafoutis qui guérit tous les chagrins

- Musique : *Clafoutis* – Steve Waring (album *L'Ogresse*)
- Moment de la journée : crépuscule
- Chandelle suggérée : blanche

Ingrédients (pour 8 personnes)

- 500 g de cerises (amour, affection)
- 125 g de farine (fertilité, ancrage, protection)
- 50 g de sucre (amour)
- 1 sachet de sucre vanillé (amour)
- 1 pincée de sel (mise à la terre, ancrage, protection)
- 4 œufs (création, guérison, protection, divination)
- 25 cl de lait (amour, spiritualité)

Une recette pour laquelle j'ai beaucoup d'affection : j'étais persuadée, enfant, que le clafoutis était un délicieux médicament, à cause de la chanson de Steve Waring. Si vous ne trouvez pas de clafoutis en pharmacie, il a une place précieuse dans mon grimoire personnel. C'est un gâteau fantastique pour les peines de cœur, les moments de doute, ou encore après avoir eu ce que j'appelle une « dispute intérieure ». La dispute intérieure, c'est avoir des comportements et mots violents envers soi, sans que personne ne s'en doute. Nous refuserions très souvent de voir quelqu'un se laisser traiter comme nous le faisons à nous-mêmes, ce clafoutis est une invitation à la douceur et tendresse.

Recette

1// Préchauffez le four à 190 °C. Commencez par équeuter les cerises puis les dénoyauter. Prenez chaque noyau dans votre bouche le temps d'une respiration. Durant votre inspiration, visualisez la douceur et la compassion qui se fait de la place en vous, qui sent peut-être la cerise si vous êtes sensible aux odeurs, mais vous pouvez visualiser une couleur autre que celle de la cerise. Durant votre expiration, visualisez le départ de l'amertume et la dureté qui ne sont pas nécessaires pour cheminer dans votre vie.

2// Mélangez la farine, le sucre, le sucre vanillé et le sel, et faites quatre creux en direction des points cardinaux, dans lesquels vous déposerez les œufs. Vous pouvez prendre quelques minutes pour méditer avec chacun si vous le souhaitez. Si vous ne ressentez rien de particulier, ne vous inquiétez pas. Ayez confiance en eux pour vous accompagner.

3// Pétrissez l'ensemble, avant d'ajouter le lait petit à petit tout en continuant à mélanger. Certains ne sont pas à l'aise avec l'idée d'avoir les mains dans la préparation, mais sentez-vous libre d'essayer ! Ajoutez les cerises dénoyautées en vous reconnectant à cette douceur et compassion. Mélangez une dernière fois et tracez le sigil suivant :

4// Beurrez un moule à gâteau et versez l'appareil dessus. Mettez au four 30 minutes.

À manger petit à petit. Vous pouvez très bien en congeler une partie pour ne pas avoir à cuisiner un gâteau complet à chaque fois.

SEMAINE DU 14 AU 20 AOÛT

LUNDI 14

♋

06 : 42 *lever du soleil*
21 : 09 *coucher du soleil*
04 : 03 *lever de la lune*
20 : 52 *coucher de la lune*

MARDI 15

♌

Personnalité du jour : Charles Leland, journaliste américain intéressé par les traditions et la linguistique folklorique

06 : 43 *lever du soleil*
21 : 07 *coucher du soleil*
05 : 11 *lever de la lune*
21 : 17 *coucher de la lune*

MERCREDI 16

♌

Œuvre du jour : *The Escape of a Heretic*, John Everett Millais, 1559

06 : 44 *lever du soleil*
21 : 05 *coucher du soleil*
06 : 20 *lever de la lune*
21 : 36 *coucher de la lune*

JEUDI 17

♍

06 : 46 *lever du soleil*
21 : 04 *coucher du soleil*
07 : 30 *lever de la lune*
21 : 51 *coucher de la lune*

VENDREDI 18

♍

Pierre du jour : Sélénite

06 : 47 *lever du soleil*
21 : 02 *coucher du soleil*
08 : 37 *lever de la lune*
22 : 05 *coucher de la lune*

SAMEDI 19

♍

06 : 49 *lever du soleil*
21 : 00 *coucher du soleil*
09 : 45 *lever de la lune*
22 : 17 *coucher de la lune*

DIMANCHE 20

♎

Personnalité du jour : Ann Moura, auteure d'ouvrages sur la magie dite « verte », ainsi que sur la religion et le néopaganisme, États-Unis

06 : 50 *lever du soleil*
20 : 58 *coucher du soleil*
10 : 52 *lever de la lune*
22 : 30 *coucher de la lune*

Fiche recette

Nom de la recette : ....

Source : ....

Parts : ....

Saison : ....

Recette : ☐ *omnivore* ☐ *végétarienne* ☐ *végétalienne*

Niveau : ☐☐☐☐☐

Temps de préparation : ....

Temps de cuisson : ....

Temps total : ....

Intention du sortilège : ....

Moment de la journée/phase de la lune : ....

Chandelle associée : ....

Autre : ....

....

....

Allergènes : ☐ *lait* ☐ *œuf* ☐ *soja* ☐ *fruits à coque*

☐ *gluten* ☐ *poisson* ☐ *crustacés*

Autre : ....

....

....

Ingrédients :

Recette :

Note :

LUNDI 21

06 : 51 *lever du soleil*
20 : 56 *coucher du soleil*
12 : 01 *lever de la lune*
22 : 44 *coucher de la lune*

MARDI 22

Œuvre du jour :
Portrait de Madame Stuart Merrill ou Mysteriosa, Jean Delville, 1892

06 : 53 *lever du soleil*
20 : 54 *coucher du soleil*
13 : 12 *lever de la lune*
23 : 01 *coucher de la lune*

MERCREDI 23

Célébration du jour :
Jour des esprits du Feu

06 : 54 *lever du soleil*
20 : 52 *coucher du soleil*
14 : 27 *lever de la lune*
23 : 22 *coucher de la lune*

JEUDI 24

Signe du jour :
Vierge (1er jour)
Élément Terre

06 : 56 *lever du soleil*
20 : 50 *coucher du soleil*
15 : 45 *lever de la lune*
23 : 51 *coucher de la lune*

VENDREDI 25

Végétal du jour :
Érable

06 : 57 *lever du soleil*
20 : 48 *coucher du soleil*
17 : 02 *lever de la lune*
00 : 30 *coucher de la lune*

SAMEDI 26

06 : 59 *lever du soleil*
20 : 46 *coucher du soleil*
18 : 13 *lever de la lune*
01 : 27 *coucher de la lune*

DIMANCHE 27

Phénomène du jour :
Une paréidolie : identifier une forme familière dans un nuage, de la fumée, une tache ou de la cire coulée

07 : 00 *lever du soleil*
20 : 44 *coucher du soleil*
19 : 11 *lever de la lune*
02 : 41 *coucher de la lune*

LUNDI 28

07 : 01 *lever du soleil*
20 : 42 *coucher du soleil*
19 : 55 *lever de la lune*
04 : 08 *coucher de la lune*

MARDI 29

Animal du jour :
Méduse

07 : 03 *lever du soleil*
20 : 40 *coucher du soleil*
20 : 26 *lever de la lune*
05 : 40 *coucher de la lune*

MERCREDI 30

Personnalité du jour :
Pamela Colman-Smith, membre de la Golden Dawn, féministe, artiste ayant illustré le *Rider Waite*, Angleterre

07 : 04 *lever du soleil*
20 : 38 *coucher du soleil*
20 : 51 *lever de la lune*
07 : 11 *coucher de la lune*

JEUDI 31

Personnalité du jour :
Raymond Buckland, écrivain anglais spécialisé dans la Wicca et l'occulte

07 : 06 *lever du soleil*
20 : 36 *coucher du soleil*
21 : 10 *lever de la lune*
08 : 39 *coucher de la lune*

Les chagrins oubliés

Les ingrédients offrent de nombreuses leçons à ceux qui prennent le temps d'écouter, j'en suis persuadée. Plus je travaille avec eux, plus j'ai de l'affection pour leur sagesse et leurs transmissions. Les oignons sont des compagnons très doux concernant les émotions refoulées et les blessures passées. Si les larmes vous viennent aux yeux lorsque vous en coupez, laissez les larmes couler et prenez le temps de vous laisser traverser par ce qui est présent, laissez-les vous accompagner dans cette libération.

Septembre

L	M	M	J	V	S	D
				1	2	3
4	5	6	7	8	9	10
11	12	13	14	15	16	17
18	19	20	21	22	23	24
25	26	27	28	29	30	

Allié du mois : piment (créativité, enthousiasme, stimulation)

Une énergie de feu s'invite ce mois-ci : vous avez envie de tout faire, de voir grand et de bâtir, mais à trop vouloir en faire, vous risquez de brûler la chandelle par les deux bouts ! C'est une période de récolte et de prospérité, célébrez tout ce que vous avez fait depuis janvier et répartissez dans le temps vos projets pour faire durer le plaisir.

Phases lunaires :

- 7 : Dernier quartier
- 15 : Nouvelle lune
- 22 : Premier quartier
- 29 : Pleine lune

Sigil du mois : « Je suis mon feu intérieur avec passion. »

Cuisine de saison

Fruits : coing • figue • melon • mirabelle • myrtille • mûre • noisette • noix • pastèque • pêche • poire • pomme • prune • pruneau • raisin • tomate

Légumes : ail • artichaut • aubergine • betterave • blette • brocoli • carotte • céleri • chou • chou de Bruxelles • chou-fleur • concombre • courge • courgette • épinard • fenouil • frisée • haricot vert • laitue • maïs • oignon • poivron • pomme de terre • potiron • radis

Affirmation ou citation du Mois

Important

Sabbat du mois : Mabon - 23 septembre

Septembre

Lundi	*Mardi*	*Mercredi*
28	29	30
4	5	6
11	12	13
18	19	20
25	26	27
2	3	4

Jeudi	Vendredi	Samedi	Dimanche
31	1	2	3
7 *Dernier quartier*	8	9	10
14	15 *Nouvelle lune*	16	17
21	22 *Premier quartier*	23 *Mabon*	24
28	29 *Pleine lune*	30	1
5	6	7	8

Traqueur d'humeur du mois

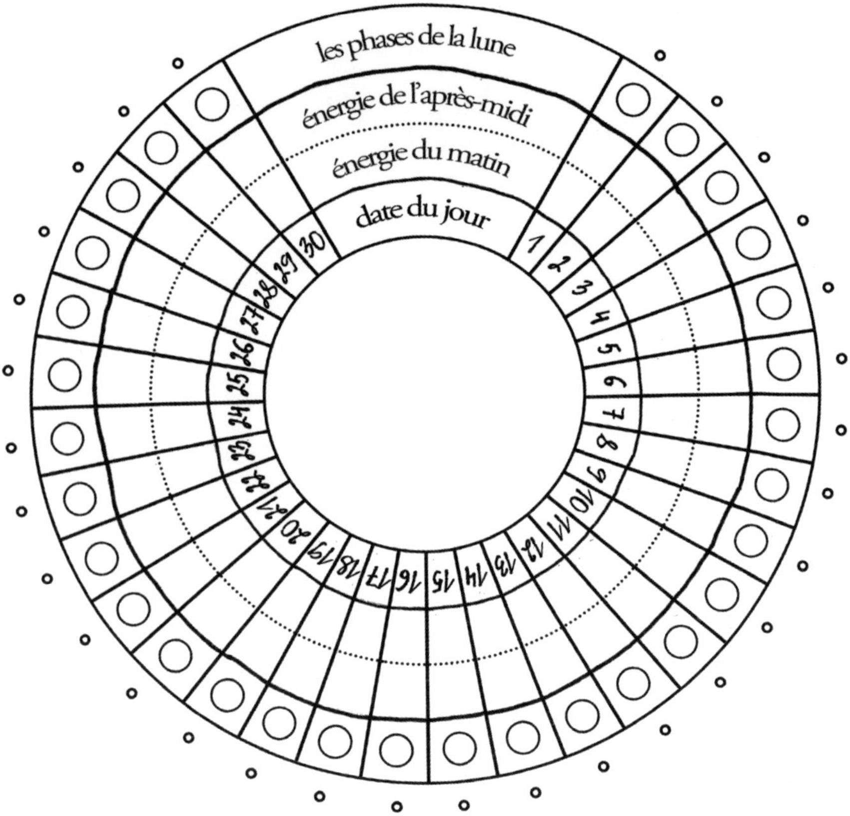

Je suis d'humeur

- ☐ positive
- ☐ neutre
- ☐ négative
- ☐ créative
- ☐ spirituelle
- ☐ angoissée
- ☐ ....
- ☐ ....
- ☐ ....
- ☐ ....
- ☐ ....
- ☐ ....

Tirage du Mois

Voici le tirage général du mois. Il est possible de le faire avec un oracle ou un tarot, cela n'a pas d'importance. Si des lames « sautent » du jeu pendant que vous les battez, mettez-les de côté et gardez-les pour les interpréter à part.

Date de l'étude

....../....../......

Oracle ou tarot utilisé

....

....

Phase de la lune

....

☐ Tirage avec les lames à l'envers

Ce que mon inconscient cherche à faire entendre

alliée : armoise

Ce qui apporte de la souplesse et douceur

allié : sucre

Le doute qui mériterait d'être exploré

alliée : moutarde

Mots-clés

....

....

....

....

....

....

Analyse du tirage

.... arcanes majeurs

.... arcanes mineurs

.... lames à l'endroit

.... lames à l'envers

☐ Deniers
☐ Épées
☐ Bâtons
☐ Coupes

Interprétation du Tirage

Résumé

Quetsches au vinaigre

Recette de grand-mère très simple et qui apporte une délicieuse note aux pot-au-feu l'hiver, elle se prépare dès maintenant. Lavez soigneusement des quetsches et percez à plusieurs endroits la peau avant de les mettre dans un bocal propre. Recouvrez de vinaigre blanc (destiné à la cuisine) accompagné de clous de girofle, graines de moutarde, poivre et estragon. Au bout d'un mois, elles seront prêtes à l'emploi et amèneront protection à vos convives.

VENDREDI 1ER

♓

07 : 07 *lever du soleil*
20 : 34 *coucher du soleil*
21 : 27 *lever de la lune*
10 : 05 *coucher de la lune*

SAMEDI 2

♈

Calendrier des arbres :
Muin – Vigne, 1er jour

07 : 08 *lever du soleil*
20 : 32 *coucher du soleil*
21 : 44 *lever de la lune*
11 : 29 *coucher de la lune*

DIMANCHE 3

♈

07 : 10 *lever du soleil*
20 : 30 *coucher du soleil*
22 : 01 *lever de la lune*
12 : 51 *coucher de la lune*

LUNDI 4

Personnalité du jour :
Biddy Early, guérisseuse irlandaise qui disait tirer une partie de son savoir du Petit Peuple

07 : 11 *lever du soleil*
20 : 28 *coucher du soleil*
22 : 21 *lever de la lune*
14 : 12 *coucher de la lune*

MARDI 5

Film du jour :
Le Mystère des fées : une histoire vraie, deux petites filles après la guerre disent avoir rencontré des fées

07 : 13 *lever du soleil*
20 : 26 *coucher du soleil*
22 : 46 *lever de la lune*
15 : 29 *coucher de la lune*

MERCREDI 6

Créature du jour :
Leprechaun, c'est un farceur, il compte soigneusement son or qu'il cache au pied d'un arc-en-ciel, Irlande

07 : 14 *lever du soleil*
20 : 24 *coucher du soleil*
23 : 18 *lever de la lune*
16 : 38 *coucher de la lune*

JEUDI 7

Célébration du jour :
Jour des guérisseurs et des guérisseuses

07 : 15 *lever du soleil*
20 : 22 *coucher du soleil*
-- *lever de la lune*
-- *coucher de la lune*

VENDREDI 8

07 : 17 *lever du soleil*
20 : 20 *coucher du soleil*
00 : 00 *lever de la lune*
17 : 36 *coucher de la lune*

SAMEDI 9

07 : 18 *lever du soleil*
20 : 18 *coucher du soleil*
00 : 51 *lever de la lune*
18 : 22 *coucher de la lune*

DIMANCHE 10

Personnalité du jour :
Marie Laveau, prêtresse vaudou francophone renommée de La Nouvelle-Orléans

07 : 20 *lever du soleil*
20 : 15 *coucher du soleil*
01 : 53 *lever de la lune*
18 : 56 *coucher de la lune*

Les chakras en magie des fourneaux

Nous parlons et entendons souvent parler des chakras, mais qui sont-ils ? Ils représentent des points concentrés de force vitale qui sont reliés les uns aux autres. Ils sont souvent représentés sous la forme de sept points colorés alignés du dessus de la tête (chakra couronne) au coccyx (chakra racine). Certains considèrent qu'il en existe bien plus, appelés « chakras transpersonnels », qui sont nés avec la mouvance New Age – cela fait une vingtaine de chakras au total. Votre énergie ne réside pas seulement dans ces points, ils sont seulement l'endroit où elle s'exprime le plus, l'espace à partir duquel elle se diffuse dans tout votre corps. Je les utilise rarement dans ma pratique, mais dernièrement j'ai remarqué que je mangeais instinctivement beaucoup d'aliments de couleur rouge.

Mon ancrage est très bien équilibré et stable, mais j'ai senti un besoin de revenir au chakra du cœur. S'est ensuivie une expérience : manger toujours équilibré et varié, mais en priorisant une couleur. C'était très révélateur ! Peut-être cela fonctionnera-t-il aussi pour vous ?

Ce qui est sûr, c'est que je suis très attentive à la nourriture vers laquelle je suis instinctivement attirée et que je compose mes assiettes en fonction de ce que je souhaite alimenter au niveau spirituel.

Sahasrara, le chakra couronne

« *Je comprends* » – spiritualité, réalisation du soi

Réprimé	*Équilibré*	*Surchargé*
Dépression, difficultés d'apprentissage, perte de la foi, brouillard mental	Amour universel, calme, attention, sensation de compréhension du monde	Addiction à la spiritualité, sensation de déracinement, jugement, dogmatisme aveugle

- Pour équilibrer : lavande – « Aum » – profiter du soleil, alimentation végétalienne
- Fruits et légumes associés : prune, raisin noir, cerise, fleur d'hibiscus, fleur de violette, fleur de lavande, aubergine, pomme de terre vitelotte, carotte violette, chou rouge, oignon rouge, asperge violette, chou-fleur violet
- Recettes : confiture de violette, purée de carotte et pomme de terre violette (ajoutez quelques gouttes de citron pour raviver la couleur), salade de crudités

Ajna, le chakra du 3e œil

« *Je vois* » – clairvoyance, intuition, sagesse

Réprimé	*Équilibré*	*Surchargé*
Manque de concentration, mauvaises décisions, imagination bridée	Vision des objectifs claire, capacité à voir au-delà des apparences, nuance, retenue, tolérance	Obsessions, paranoïa, création d'obstacles imaginaires entre soi et ses désirs, cauchemars

- Pour équilibrer : camomille – « Om » – psychanalyse, écoute d'avis opposés
- Fruits et légumes associés : myrtille, mûre, raisin noir
- Recettes : limonade avec des fruits frais, compote

Visuddha, le chakra de la gorge

« *J'exprime* » – communication, productivité, créativité

Réprimé	*Équilibré*	*Surchargé*
Difficultés à s'exprimer et à écouter les autres, incompréhension	Parole libre et juste, diplomatie, communication claire, magnétisme naturel	Obstination, agressivité dans les échanges, tendance à couper la parole, propager des ragots

- Pour équilibrer : cyprès bleu – « Ham » – cours de théâtre, chant, silence, écoute
- Fruits et légumes associés : fleurs de pois papillon
- Recettes : soupes, boissons chaudes, lait chaud à la lavande et miel

Anahata, le chakra du cœur

« *J'aime* » – amour, harmonie, inclusivité

Réprimé	*Équilibré*	*Surchargé*
Manque d'empathie, intolérance, manque de confiance en soi, haine	Calme, chaleur, compassion, accessibilité, bienveillance, transparence	Jalousie, sentiment de manque, dépendance affective, impression de se sacrifier pour les autres, amertume

- Pour équilibrer : eucalyptus – « Yam » – rassemblements, œuvres caritatives
- Fruits et légumes associés : haricot vert, petit pois, salade, concombre, aromates, courgette, artichaut, épinard, chou romanesco, menthe, feuille de pissenlit, citron vert, laurier, câpre, brocoli, poire, pomme, raisin, kiwi…
- Recettes : jus vert frais, salades fraîches, tartes de légumes, granités

Manipura, le chakra du plexus solaire

« Je concrétise » – équilibre, confiance en soi, volonté

Réprimé	*Équilibré*	*Surchargé*
Vulnérabilité, complexe d'infériorité, comparaison obsessionnelle, impuissance	Alignement, confiance face aux aléas de la vie, image de soi honnête, paisible	Besoin de domination, appui sur les faiblesses des autres, perfectionnisme, critiques excessives

- Pour équilibrer : citron – « Ram » – yoga, *breath working*, *human design*
- Fruits et légumes associés : ananas, banane, citron, reine-claude, coing, panais, pâtisson, endive, pomme de terre
- Recettes : salades de fruits, compotes, tartes, beignets, frites de légumes anciens, salade d'endives

Svadhisthana, le chakra sacré

« *Je ressens* » – vitalité, sexualité, joie

Réprimé	*Équilibré*	*Surchargé*
Libido faible, peur de l'intimité physique et émotionnelle, besoins physiques ignorés	Passion, joie créative, libido saine et joyeuse, optimisme, accomplissement, expression de ses désirs	Émotions excessives, dépendance sexuelle, tendance à la dépense excessive

- Pour équilibrer : orange douce – « Vam » – massages, parfums, soins du corps
- Fruits et légumes associés : aliments fermentés, noix et fruits à coque, cannelle, graine de tournesol, potiron, clémentine, pamplemousse, carotte, gingembre frais, melon, pêche, abricot, patate douce
- Recettes : scones aux graines, jus de pamplemousse, courge spaghetti sauce curry.

Muladhara, le chakra racine

« *J'incarne* » – stabilité, ambition, courage

Réprimé	*Équilibré*	*Surchargé*
Immobilisme, anxiété, instabilité financière, sensation de déracinement, épuisement du corps	Sécurité, écoute des besoins de repos et mouvement, épanouissement dans ce qui est et non ce qui manque	Matérialisme, cynisme, manipulation des autres pour atteindre ses objectifs, cruauté, cupidité

- Pour équilibrer : ylang-ylang – « Lam » – jardinage, bricolage, bain de forêt, contact physique
- Fruits et légumes associés : betterave, pomme, groseille, fraise, framboise, grenade, figue, pastèque, tomate
- Recettes : biscuits fourrés à la confiture, gelée aux fruits, charlotte aux fraises, compotes, salade tomate-pastèque

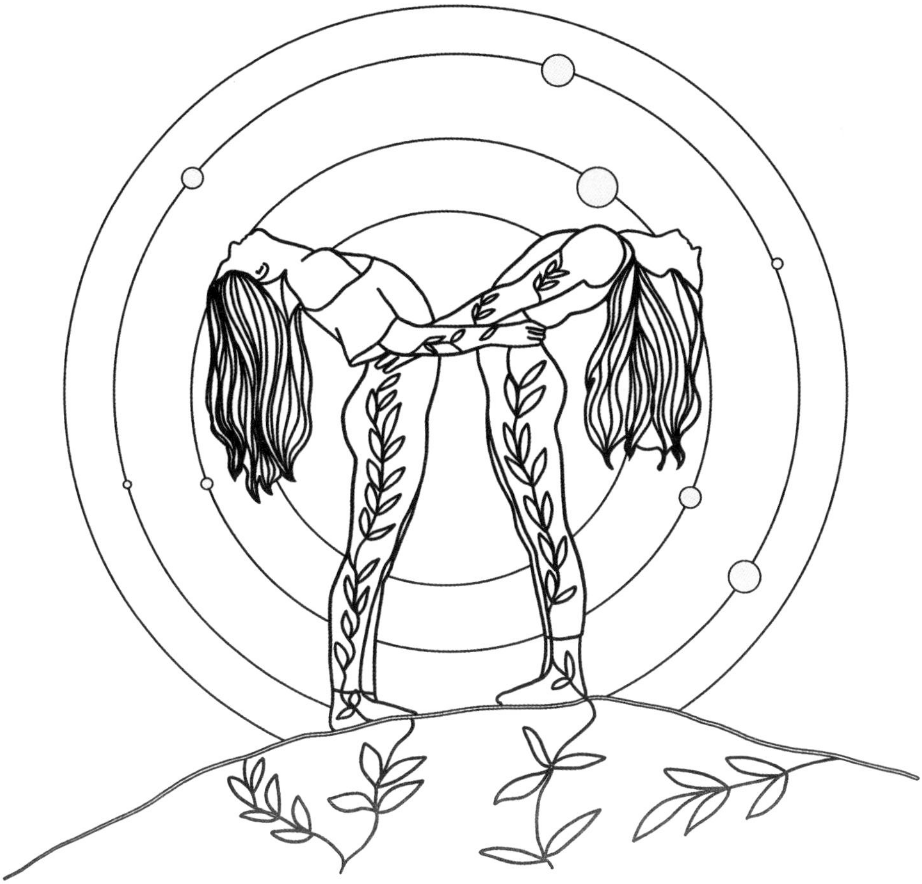

SEMAINE DU 11 AU 17 SEPTEMBRE

LUNDI 11

Série du jour :
Charmed, trois sœurs combattant les forces du mal, une série remplie de clins d'oeil à la sorcellerie réelle !

07 : 21 *lever du soleil*
20 : 13 *coucher du soleil*
03 : 00 *lever de la lune*
19 : 23 *coucher de la lune*

MARDI 12

Outil du jour :
Huile essentielle d'ylang-ylang

07 : 23 *lever du soleil*
20 : 11 *coucher du soleil*
04 : 10 *lever de la lune*
19 : 43 *coucher de la lune*

MERCREDI 13

Découverte du jour :
Loi de l'attraction universelle, Isaac Newton, XVIIe siècle

07 : 24 *lever du soleil*
20 : 09 *coucher du soleil*
05 : 20 *lever de la lune*
19 : 59 *coucher de la lune*

JEUDI 14

07 : 25 *lever du soleil*
20 : 07 *coucher du soleil*
06 : 28 *lever de la lune*
20 : 13 *coucher de la lune*

VENDREDI 15

Animal du jour :
Crapaud feuille

07 : 27 *lever du soleil*
20 : 05 *coucher du soleil*
07 : 36 *lever de la lune*
20 : 25 *coucher de la lune*

SAMEDI 16

Personnalité du jour :
Karlota Alevosia, tarologue et sorcière anarcho-chaote, mélange sorcellerie et politique, France

07 : 28 *lever du soleil*
20 : 03 *coucher du soleil*
08 : 43 *lever de la lune*
20 : 38 *coucher de la lune*

DIMANCHE 17

Ingrédient du jour :
Sel d'Himalaya

07 : 30 *lever du soleil*
20 : 01 *coucher du soleil*
09 : 52 *lever de la lune*
20 : 52 *coucher de la lune*

Étude des cristaux

Ces pages sont dédiées aux plantes, comme vous vous en doutez. Faites attention, si jamais vous voulez récolter des fleurs, feuilles ou racines, certaines sont protégées car rares. Il vaut mieux de bonnes photos annotées qu'une espèce de plus qui disparaît de notre planète, non ? Pensez à noter le lieu où vous avez identifié le spécimen, l'aspect de la plante dans son ensemble (pétales, feuilles, racines si possible, etc.) et à vérifier sa toxicité. Vous pouvez les scotcher où vous le souhaitez ici, ou encore faire un carnet d'étude à part dédié aux plantes.

Nom commun : ....

Noms latin : ....

Famille : ....

Date de l'étude : ....

Genre : ....

Phase de la lune : ....

Planète : ....

Déités associées : ....

....

....

Propriétés et correspondances : ....

....

....

....

....

Propriétés en herboristerie, différentes utilisations (racines, feuilles, tiges...)

SEMAINE DU 18 AU 24 SEPTEMBRE

LUNDI 18

Végétal du jour :
Lilas

07 : 31 *lever du soleil*
19 : 58 *coucher du soleil*
11 : 03 *lever de la lune*
21 : 07 *coucher de la lune*

MARDI 19

Personnalité du jour :
Jean-Baptiste Alliette, dit Etteillia, occultiste et cartomancien, France

07 : 33 *lever du soleil*
19 : 56 *coucher du soleil*
12 : 16 *lever de la lune*
21 : 26 *coucher de la lune*

MERCREDI 20

Célébration du jour :
Jour de sortie du premier *Agenda de pratique*, mon premier livre publié !

07 : 34 *lever du soleil*
19 : 54 *coucher du soleil*
13 : 33 *lever de la lune*
21 : 51 *coucher de la lune*

JEUDI 21

07 : 35 *lever du soleil*
19 : 52 *coucher du soleil*
14 : 49 *lever de la lune*
22 : 26 *coucher de la lune*

VENDREDI 22

Œuvre du jour :
Trois Femmes et Trois Loups, Eugène Grasset, 1892

07 : 37 *lever du soleil*
19 : 50 *coucher du soleil*
16 : 01 *lever de la lune*
23 : 15 *coucher de la lune*

SAMEDI 23

Sabbat du jour :
Mabon, équinoxe d'automne

07 : 38 *lever du soleil*
19 : 48 *coucher du soleil*
17 : 03 *lever de la lune*
00 : 19 *coucher de la lune*

DIMANCHE 24

Signe du jour :
Balance (1er jour)
Élément Air

07 : 40 *lever du soleil*
19 : 46 *coucher du soleil*
17 : 50 *lever de la lune*
01 : 39 *coucher de la lune*

LUNDI 25

♒ Outil du jour :
Tambour

07 : 41 *lever du soleil*
19 : 44 *coucher du soleil*
18 : 25 *lever de la lune*
03 : 07 *coucher de la lune*

MARDI 26

♒ Film du jour :
The Lords of Salem, un vinyle mystérieux qui crée un traumatisme chez Heidi, la DJ qui le découvre…

07 : 43 *lever du soleil*
19 : 41 *coucher du soleil*
18 : 52 *lever de la lune*
04 : 36 *coucher de la lune*

MERCREDI 27

♒ Personnalité du jour :
HieroSolis, magicien, traducteur et auteur d'ouvrages sur l'occultisme, France

07 : 44 *lever du soleil*
19 : 39 *coucher du soleil*
19 : 12 *lever de la lune*
06 : 05 *coucher de la lune*

JEUDI 28

♓ Ingrédient du jour :
Gingembre

07 : 45 *lever du soleil*
19 : 37 *coucher du soleil*
19 : 30 *lever de la lune*
07 : 32 *coucher de la lune*

VENDREDI 29

♓ Découverte du jour :
Couches atmosphériques, Léon Teisserenc de Bort et Richard Assmann, 1902

07 : 47 *lever du soleil*
19 : 35 *coucher du soleil*
19 : 47 *lever de la lune*
08 : 57 *coucher de la lune*

SAMEDI 30

♈ Calendrier des arbres :
Gort – Lierre, 1er jour

07 : 48 *lever du soleil*
19 : 33 *coucher du soleil*
20 : 03 *lever de la lune*
10 : 22 *coucher de la lune*

Faire son bouillon de légumes maison

Gardez toutes vos épluchures de légumes dans un sachet au congélateur pour faire votre propre bouillon. Les épluchures d'oignons, de carottes, de légumes racines, verts de poireaux et trognons de chou, tout y passe ! Je déconseille cependant les extrémités de courgette, qui donnent un goût désagréable. Il vous suffira de mettre le tout dans une cocotte avec quelques plantes aromatiques, une pincée de sel et de recouvrir d'eau froide. Mettez à cuire avec couvercle sur feu moyen-fort pendant environ 1 heure puis éteignez le feu et laissez refroidir 30 minutes. Vous pouvez en congeler une partie sous forme de glaçons ou faire des bocaux stérilisés pour une plus longue conservation. C'est idéal pour remplacer l'eau des soupes, des pâtes, du riz... et donner du goût tout en évitant de gaspiller.

Astuce : Faites des sachets différents si vous avez un grand congélateur en composant des mélanges de légumes et épluchures en fonction de vos différentes intentions magiques.

4e TRIMESTRE

OCTOBRE - NOVEMBRE - DÉCEMBRE

Sous le signe de l'Eau

Octobre

L	M	M	J	V	S	D
						1
2	3	4	5	6	7	8
9	10	11	12	13	14	15
16	17	18	19	20	21	22
23	24	25	26	27	28	29
30	31					

Allié du mois : maïs (régularité, rituel, routine)

Septembre est souvent un mois d'effusion chez les sorcières, l'énergie de la rentrée et des récoltes nous donne envie de faire mille choses en même temps, parfois jusqu'à l'épuisement par manque de méthode. Le maïs vous invite en octobre à comprendre ce qui a fonctionné ou non le mois précédent pour amener une régularité dans votre quotidien.

Phases lunaires :

- 6 : Dernier quartier
- 14 : Nouvelle lune
- 22 : Premier quartier
- 28 : Pleine lune

Sigil du mois : « Je navigue avec sagesse et patience. »

Cuisine de saison

Fruits : citron • coing • figue • framboise • myrtille • noisette • noix • poire • pomme • raisin • tomate • maïs • riz • soja • sorgho

Légumes : ail • aubergine • betterave • blette • brocoli • carotte • céleri • chataîgne • chou • chou de Bruxelles • chou-fleur • concombre • courge • courgette • endive • épinard • fenouil • frisée • haricot vert • laitue • maïs • navet • oignon • panais • poireau • pomme de terre • potiron • radis • rutabaga • salsifis • topinambour •

Affirmation ou citation du Mois

Important

Sabbat du mois : Samhain - 31 octobre

OCTOBRE

Lundi	*Mardi*	*Mercredi*
25	26	27
2	3	4
9	10	11
16	17	18
23	24	25
30	31 Samhain	1

Jeudi	Vendredi	Samedi	Dimanche
28	29	30	1
5	6 *Dernier quartier*	7	8
12	13	14 *Nouvelle lune*	15
19	20	21	22 *Premier quartier*
26	27	28 *Pleine lune*	29
2	3	4	5

Traqueur d'humeur du mois

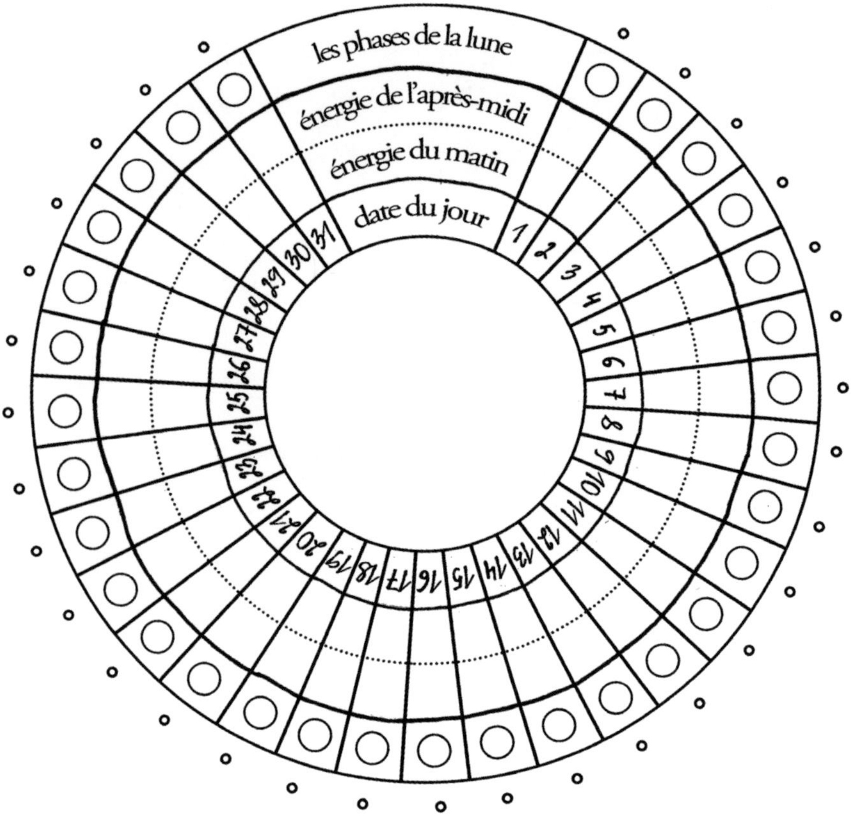

Je suis d'humeur

- ☐ positive
- ☐ neutre
- ☐ négative
- ☐ créative
- ☐ spirituelle
- ☐ angoissée
- ☐ ....
- ☐ ....
- ☐ ....
- ☐ ....
- ☐ ....
- ☐ ....

Tirage du Mois

Voici le tirage général du mois. Il est possible de le faire avec un oracle ou un tarot, cela n'a pas d'importance. Si des lames « sautent » du jeu pendant que vous les battez, mettez-les de côté et gardez-les pour les interpréter à part.

Date de l'étude

.... / .... / ....

Oracle ou tarot utilisé

....

....

Phase de la lune

....

☐ Tirage avec les lames à l'envers

Un souhait à explorer en profondeur pour l'incarner dans un futur proche

allié : pissenlit

Le message qu'il faut cesser d'écouter, l'idée à laquelle je dois cesser de m'accrocher

allié : clou de girofle

Ce qui a besoin d'être mis en ordre

alliée : sauge

Mots-clés

....

....

....

....

....

....

Analyse du tirage

.... arcanes majeurs

.... arcanes mineurs

.... lames à l'endroit

.... lames à l'envers

☐ Deniers

☐ Épées

☐ Bâtons

☐ Coupes

Interprétation du Tirage

Résumé

DIMANCHE 1er

♈ Œuvre du jour : *The Three Witches from Shakespeare's Macbeth*, Danier Gardner, 1775

07 : 50 *lever du soleil*
19 : 31 *coucher du soleil*
20 : 22 *lever de la lune*
11 : 47 *coucher de la lune*

Créer son oracle de *Kitchen Witch*

J'adore les oracles et tarots, la magie des fourneaux aussi, mais il n'existe pas encore de jeux en français sur le sujet, alors voici deux idées pour créer le vôtre.

Utiliser un set de cartes postales

J'ai commencé à collectionner les cartes postales il y a quelques années (je garde d'ailleurs précieusement celles des élèves de Trisklann, mon école de sorcellerie en ligne, dans un tiroir qui déborde) et, en flânant sur Internet, j'ai réalisé qu'il existait des coffrets contenant jusqu'à des centaines de cartes par thème. Il en existe autour de l'astronomie, des princesses, des séries, de la botanique... et des fruits et légumes !

Ouvrez *La Cuisine wiccane* de Scott Cunningham pour écrire au dos ou tout autour de l'image vos correspondances, voire quelques idées de recettes... Des cartes qui seront uniques à glisser dans une jolie boîte.

Faire des polaroïds

Meilleur investissement personnel pour la pratique ! Depuis le début de mon cheminement sur la voie sorcière, mon appareil ne me quitte pas : il immortalise souvent mes sortilèges et rituels, petits souvenirs précieux à glisser dans le grimoire. Cela évite aussi la tentation d'aller naviguer sur le téléphone et d'être distrait·e. Vous pouvez aussi très bien utiliser un appareil photo, même si j'avoue aimer le côté instantané du polaroïd. Profitez d'une sortie dans un verger ou d'une visite de potager de quartier pour prendre de jolies photos que vous collerez sur un papier ou que vous imprimerez pour dessiner dessus.

LUNDI 2

Personnalité du jour :
Sirona Knight, auteure et chercheuse en sorcellerie et métaphysique, États-Unis

07 : 51 *lever du soleil*
19 : 29 *coucher du soleil*
20 : 45 *lever de la lune*
13 : 08 *coucher de la lune*

MARDI 3

Divinité du jour :
Bacchus, dieu du Vin et de la Vigne

07 : 53 *lever du soleil*
19 : 27 *coucher du soleil*
21 : 15 *lever de la lune*
14 : 23 *coucher de la lune*

MERCREDI 4

Outil du jour :
Athamé

07 : 54 *lever du soleil*
19 : 25 *coucher du soleil*
21 : 53 *lever de la lune*
15 : 28 *coucher de la lune*

JEUDI 5

Outil du jour :
Cloche

07 : 56 *lever du soleil*
19 : 22 *coucher du soleil*
22 : 42 *lever de la lune*
16 : 19 *coucher de la lune*

VENDREDI 6

Végétal du jour :
Pissenlit

07 : 57 *lever du soleil*
19 : 20 *coucher du soleil*
23 : 41 *lever de la lune*
16 : 58 *coucher de la lune*

SAMEDI 7

Fait historique du jour :
Diffusion du premier épisode de *Charmed* en 1996

07 : 59 *lever du soleil*
19 : 18 *coucher du soleil*
-- *lever de la lune*
-- *coucher de la lune*

DIMANCHE 8

08 : 00 *lever du soleil*
19 : 16 *coucher du soleil*
00 : 47 *lever de la lune*
17 : 27 *coucher de la lune*

SEMAINE DU 9 AU 15 OCTOBRE

LUNDI 9

Série du jour :
The Secret Circle, une jeune femme réalise qu'elle fait partie d'une lignée de sorcière et d'un mystérieux cercle

08 : 02 *lever du soleil*
19 : 14 *coucher du soleil*
01 : 57 *lever de la lune*
17 : 49 *coucher de la lune*

MARDI 10

Pierre du jour :
Iolite

08 : 03 *lever du soleil*
19 : 12 *coucher du soleil*
03 : 07 *lever de la lune*
18 : 06 *coucher de la lune*

MERCREDI 11

Œuvre du jour :
La Sorcière, Albrecht Dürer, 1500

08 : 05 *lever du soleil*
19 : 10 *coucher du soleil*
04 : 16 *lever de la lune*
18 : 21 *coucher de la lune*

JEUDI 12

Personnalité du jour :
Aleister Crowley, écrivain, occultiste, tarologue et astrologue britannique

08 : 06 *lever du soleil*
19 : 08 *coucher du soleil*
05 : 24 *lever de la lune*
18 : 34 *coucher de la lune*

VENDREDI 13

08 : 08 *lever du soleil*
19 : 06 *coucher du soleil*
06 : 32 *lever de la lune*
18 : 46 *coucher de la lune*

SAMEDI 14

Végétal du jour :
Angélique

08 : 09 *lever du soleil*
19 : 04 *coucher du soleil*
07 : 41 *lever de la lune*
19 : 00 *coucher de la lune*

DIMANCHE 15

08 : 11 *lever du soleil*
19 : 02 *coucher du soleil*
08 : 52 *lever de la lune*
19 : 14 *coucher de la lune*

Pain à la citrouille en forme de citrouille

- Musique : *À la faveur de l'automne* – Tété (album *Tété*)
- Moment de la journée : crépuscule
- Chandelle suggérée : verte

C'est une recette qui me fait très souvent pleurer lorsque je la fais, au point de l'associer parfois aux pleureuses, ces personnes engagées pour feindre le chagrin lors de funérailles d'un inconnu. C'est une recette que je fais pour la nuit de Samhain, mais elle mérite quelques précautions. Faites un ménage complet du lieu, mais veillez à le faire intelligemment : à trop purifier, nous faisons fuir même nos guides. Nettoyez physiquement votre lieu et définissez le lieu où vous souhaitez faire votre sortilège pour laisser aussi de l'espace aux esprits du lieu, c'est aussi leur nuit. Je vous invite à préparer cette recette la veille pour profiter pleinement des énergies du 31 octobre. Ces pains à la citrouille vous seront utiles pour partager un repas avec vos ancêtres, guides et esprits du lieu, mais aussi amis et famille.

Quelques astuces :

Faites tremper les ficelles dans l'huile avant de faire vos pains, elles seront plus faciles à retirer ainsi. Pensez à les disposer en étoile sur la plaque avant de mettre vos pâtons en place. Ne serrez pas trop les nœuds (ils vont légèrement gonfler avec la levure) pour ne pas déchirer la peau de vos belles citrouilles.

Ingrédients (pour 12 petits pains)

- 500 g de farine (fertilité, ancrage, protection)
- 2 c. à c. de levure de boulanger instantanée (multiplicateur de chances de réussite, correspondance personnelle)
- 270 ml d'eau tiède
- 70 g de citrouille cuite en purée dont vous avez gardé les graines (guérison, argent)
- 2 c. à s. d'huile d'olive (santé, paix)
- 1,5 c. à c. de sel (mise à la terre, ancrage, protection)
- 1 c. à s. de sucre (amour)
- 1 pincée de muscade râpée (perceptions psychiques)
- 12 graines de courge (guérison, argent)
- 12 fils de cuisine (corde à rôti en coton) de 40 cm de long
- 1 c. à s. d'huile
- 1 jaune d'œuf délayé dans 1 c. à s. d'eau

Recette

1// Dans un petit bol, mélangez l'eau tiède, la levure de boulanger, la purée de citrouille et le sucre. Dans un saladier, mélangez la farine et le sel, avant d'ajouter le contenu du petit bol. Pétrissez jusqu'à obtenir une pâte élastique et qui ne colle pas. Ajoutez un peu de farine ou d'eau si besoin.

2// Déposez votre pâte dans un saladier propre et couvrez le tout d'un linge humide, avant de laisser reposer pendant minimum 1 heure à température ambiante, si possible proche d'un radiateur. Coupez 36 ficelles assez longues et mettez-les à tremper dans l'huile (voir astuces). Je vous invite à profiter de ce temps de repos pour écrire des lettres à tous ceux que vous souhaitez, à envoyer ou non.

3// Lorsque votre pâte est bien gonflée, posez-la sur un plan de travail fariné et faites attention de ne pas trop l'écraser. Divisez-la en 12 pâtons égaux à l'aide d'un couteau et formez de petites boules. Sur votre plaque de cuisson, déposez les ficelles par trois en étoile, puis au centre de chacune un pâton.

4// Au moment de faire les nœuds, ne serrez pas trop. Si vous le savez à l'avance, prononcez le nom de ceux qui vont les manger avec vous, en leur destinant un pain à chacun. Si vous avez peur de ne pas retenir, faites-vous un papier avec la répartition des citrouilles sur votre plaque de cuisson, aucune sorcière ne vous jugera. « À mes ancêtres de sang, à mes ancêtres de cœur, à mes guides, à mes animaux disparus, à ces inconnus que personne ne pleure, aux esprits du lieu, aux esprits heureux, aux esprits troublés, à telle divinité… » Comme il y a trois nœuds par citrouille, je répète trois fois le nom de ceux à qui c'est destiné. Si vous avez des invités avec qui vous allez les partager, laissez les citrouilles neutres et proposez à chacun d'écrire sur un papier la/les personnes avec qui ils veulent partager ce pain.

5// Une fois toutes les citrouilles formées, couvrez avec un linge humide propre déposé simplement dessus, pour 30 minutes, mais pas plus.

6// Préchauffez votre four à 180 °C. Badigeonnez les pains de jaune d'œuf et enfournez 16 minutes, en glissant la plaque autant que possible au milieu du four. Une fois dorées, laissez vos citrouilles refroidir un peu. Lorsqu'elles sont tièdes, coupez le fil par-dessous pour éviter les coups de ciseaux aventureux, et déroulez délicatement. Plantez une graine de courge au sommet de chaque citrouille pour faire la petite queue de celles-ci.

Le soir de Samhain, préparez douze petites assiettes, une par citrouille. Je vous invite à choisir les emplacements où vous allez les mettre sans vous presser – c'est presque un plan de table de mariage ! Les assiettes pour mes ancêtres, guides et animaux sont à ma table, dans le futur cercle de pratique ; celles pour les esprits du lieu sont placées sur un meuble dans la pièce de vie à l'extérieur du cercle ; les citrouilles destinées aux inconnus, aux esprits troublés, etc., sont déposées sur le rebord de la fenêtre à l'extérieur de la maison à côté d'un lampion.

C'est une nuit importante chez les sorcières, puisqu'il s'agit du Nouvel An pour beaucoup, mais c'est aussi une nuit où nous marchons parmi les esprits... pas de folies !

SEMAINE DU 16 AU 22 OCTOBRE

LUNDI 16

♏ Célébration du jour :
Jour du chaudron

08 : 12 *lever du soleil*
19 : 00 *coucher du soleil*
10 : 05 *lever de la lune*
19 : 32 *coucher de la lune*

MARDI 17

♏ Personnalité du jour :
La Voisin, tueuse en série par empoisonnement, accusée de sorcellerie, France

08 : 14 *lever du soleil*
18 : 58 *coucher du soleil*
11 : 22 *lever de la lune*
19 : 55 *coucher de la lune*

MERCREDI 18

♐ Outil du jour :
Les runes

08 : 15 *lever du soleil*
18 : 56 *coucher du soleil*
12 : 39 *lever de la lune*
20 : 26 *coucher de la lune*

JEUDI 19

♐ Découverte du jour :
Théorie quantique,
Max Born, 1925

08 : 17 *lever du soleil*
18 : 54 *coucher du soleil*
13 : 54 *lever de la lune*
21 : 11 *coucher de la lune*

VENDREDI 20

♐

08 : 18 *lever du soleil*
18 : 52 *coucher du soleil*
14 : 58 *lever de la lune*
22 : 09 *coucher de la lune*

SAMEDI 21

♑ Personnalité du jour :
Selena Fox, prêtresse wiccane, auteure et environnementaliste, États-Unis

08 : 20 *lever du soleil*
18 : 51 *coucher du soleil*
15 : 49 *lever de la lune*
23 : 23 *coucher de la lune*

DIMANCHE 22

♑ Animal du jour :
Renard

08 : 21 *lever du soleil*
18 : 49 *coucher du soleil*
16 : 27 *lever de la lune*
00 : 46 *coucher de la lune*

Nettoyer et charger la maison

De plus en plus populaire ces dernières années, c'est une technique que j'aime beaucoup mais pas dans sa forme première, sur gaz ou plaque électrique. Je trouve que c'est trop gourmand en énergie alors j'ai opté pour une invention personnelle : un service à fondue sur bougies chauffe-plat. Remplissez-le d'eau et du mélange de votre choix, cela fonctionne très bien, même si c'est plus doux que sur un feu. Comme ce n'est pas destiné à être bu, vous pouvez utiliser de l'eau de lune, d'orage, solaire, de rivière, de glacier…

Pour cette technique, il suffit de faire bouillir de l'eau dans une casserole (ou de la mettre à chauffer dans un service à fondue sur bougies chauffe-plat pour ma part) et de mettre les ingrédients qui correspondent à votre intention. Laissez les vapeurs imprégner la maison, n'oubliez pas de bien aérer pour faire circuler l'air et passez un bon coup de chiffon et balai en même temps pour une efficacité maximale.

Alléger l'ambiance de la maison

- 3 tranches de pomme coupées à l'horizontale pour former un pentacle avec le centre (amour, santé, paix)
- 1 bâton de cannelle (amour, perceptions psychiques, argent)
- 1 c. à s. de 4 épices (odeur de l'automne par excellence)

Pour une vie de couple harmonieuse et épanouie

- 1 c. à c. de clous de girofle (amour, argent, protection)
- 2 tranches d'orange (amour, purification)
- 1 c. à c. d'extrait de vanille (amour, sexualité)

Protection et libération des énergies négatives

- 1 c. à s. de clous de girofle entiers (amour, argent, protection)
- 1 tranche de citron (amour, bonheur, purification)
- 2 feuilles de laurier (protection, perceptions psychiques, guérison, purification)
- 1 branche de romarin (protection, esprit conscient, guérison, amour)

Équilibre et force intérieure

- 3 feuilles de sauge (longévité, santé)
- 1 branche de thym (amour, perceptions psychiques, purification)
- 1 tranche de citron (amour, bonheur, purification)
- 1 c. à c. de gingembre (amour, argent)
- 2 capsules de cardamome (amour, sexualité)

SEMAINE DU 23 AU 29 OCTOBRE

LUNDI 23

♒

08 : 23	*lever du soleil*
18 : 47	*coucher du soleil*
16 : 55	*lever de la lune*
02 : 12	*coucher de la lune*

MARDI 24

♒

Signe du jour :
Scorpion (1er jour)
Élément Eau

08 : 25	*lever du soleil*
18 : 45	*coucher du soleil*
17 : 16	*lever de la lune*
03 : 38	*coucher de la lune*

MERCREDI 25

♓

Végétal du jour :
Pomme

08 : 26	*lever du soleil*
18 : 43	*coucher du soleil*
17 : 34	*lever de la lune*
05 : 03	*coucher de la lune*

JEUDI 26

♓

08 : 28	*lever du soleil*
18 : 41	*coucher du soleil*
17 : 51	*lever de la lune*
06 : 27	*coucher de la lune*

VENDREDI 27

♈

Divinité du jour :
Épona, déesse des Chevaux

08 : 29	*lever du soleil*
18 : 40	*coucher du soleil*
18 : 06	*lever de la lune*
07 : 51	*coucher de la lune*

SAMEDI 28

♈

Calendrier des arbres :
Peith – Tilleul, 1er jour

08 : 31	*lever du soleil*
18 : 38	*coucher du soleil*
18 : 24	*lever de la lune*
09 : 16	*coucher de la lune*

DIMANCHE 29

♉

Célébration du jour :
Fête de la Vieille Femme Cailleach

07 : 32	*lever du soleil*
17 : 36	*coucher du soleil*
18 : 45	*lever de la lune*
09 : 40	*coucher de la lune*

LUNDI 30

♉

07 : 34	*lever du soleil*
17 : 34	*coucher du soleil*
18 : 11	*lever de la lune*
11 : 00	*coucher de la lune*

MARDI 31

♊

Sabbat du jour :
Samhain, fin de l'année wiccane

07 : 36	*lever du soleil*
17 : 33	*coucher du soleil*
18 : 46	*lever de la lune*
12 : 12	*coucher de la lune*

Lait végétal aux graines de citrouille

J'essaye au maximum de limiter le gaspillage, tout en apprenant de nouvelles recettes. C'est ainsi que j'ai découvert le lait aux graines de courge. Je l'utilise en magie pour écouter au mieux mes guides, qui doivent lever les yeux au ciel bien trop souvent en me voyant faire la sourde oreille à leurs conseils. Pensez à faire tremper les graines quelques heures si vous les avez séchées précédemment.

Ingrédients

- 1 tasse de graines de courge (guérison, argent)
- 3 dattes (spiritualité, force)

Recette

Mixez tous les ingrédients dans 1 litre d'eau, filtrez. C'est tout ! C'est quand on cherche trop à conscientiser, comprendre et mentaliser le message de nos guides qu'on ne les entend pas, alors je leur offre une recette la plus simple possible. À boire avant le coucher dans un lait à la lavande pour faciliter les rêves ou le matin, frais, quand vous avez envie de leur faire un petit clin d'œil dans la journée.

Novembre

L	M	M	J	V	S	D
		1	2	3	4	5
6	7	8	9	10	11	12
13	14	15	16	17	18	19
20	21	22	23	24	25	26
27	28	29	30			

Allié du mois : citron (purification)

C'est un mois de chamboulement intérieur qui s'annonce, quelque chose meurt et quelque chose naît, mais n'oubliez pas que ce processus n'est pas obligatoirement douloureux : c'est aussi une aventure, une nouvelle rencontre avec soi, la joie d'une nouvelle amitié.

Phases lunaires :

- 5 : Dernier quartier
- 13 : Nouvelle lune
- 20 : Premier quartier
- 27 : Pleine lune

Sigil du mois : « Je me libère pour mieux me retrouver. »

Cuisine de saison

Fruits : citron • clémentine • kiwi • mandarine • orange • pamplemousse • poire • pomme

Légumes : ail • betterave • carotte • céleri • chou de Bruxelles • endive • épinard • frisée • mâche • navet • oignon • panais • poireau • pomme de terre • radis • salsifis • topinambour

Affirmation ou citation du Mois

Important

Novembre

Lundi	Mardi	Mercredi
30	31	1
6	7	8
13 *Nouvelle lune*	14	15
20 *Premier quartier*	21	22
27 *Pleine lune*	28	29
4	5	6

Jeudi	Vendredi	Samedi	Dimanche
2	3	4	5 Dernier quartier
9	10	11	12
16	17	18	19
23	24	25	26
30	1	2	3
7	8	9	10

Traqueur d'humeur du mois

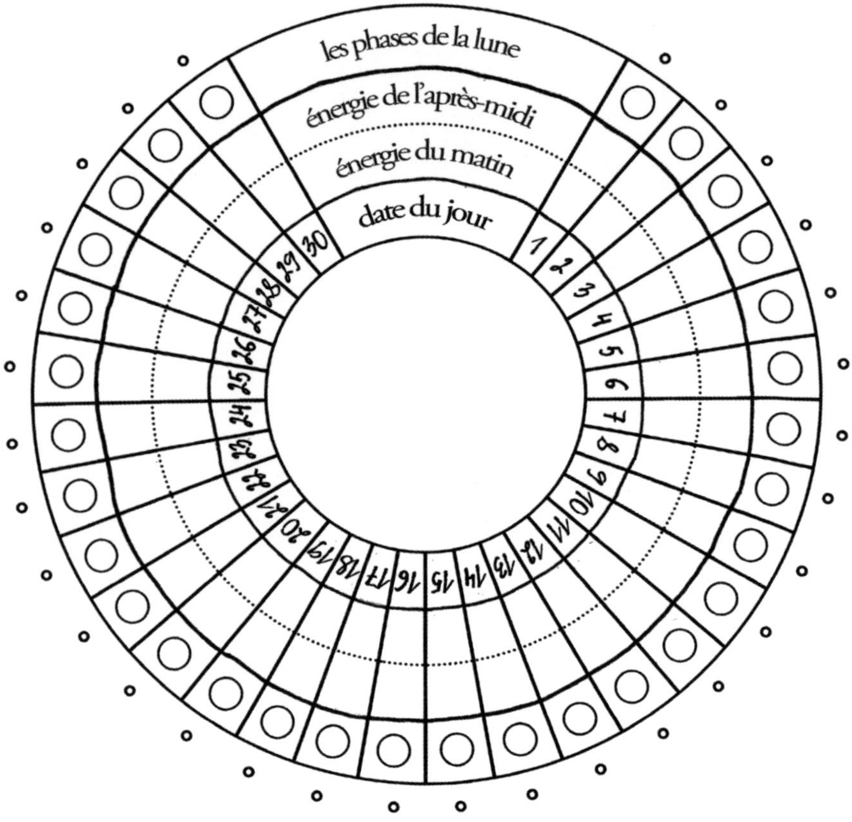

Je suis d'humeur

- ☐ positive
- ☐ neutre
- ☐ négative
- ☐ créative
- ☐ spirituelle
- ☐ angoissée
- ☐ ……………………
- ☐ ……………………
- ☐ ……………………
- ☐ ……………………
- ☐ ……………………
- ☐ ……………………

Tirage du Mois

Voici le tirage général du mois. Il est possible de le faire avec un oracle ou un tarot, cela n'a pas d'importance. Si des lames « sautent » du jeu pendant que vous les battez, mettez-les de côté et gardez-les pour les interpréter à part.

Date de l'étude

........../........../..........

Oracle ou tarot utilisé

....

....

Phase de la lune

....

☐ Tirage avec les lames à l'envers

La clé de mon apaisement et/ou de ma guérison

allié : arnica

La force qui sera mon alliée

allié : gingembre

Un souvenir à explorer en *shadow work*

allié : romarin

Mots-clés

....

....

....

....

....

....

Analyse du tirage

.... arcanes majeurs

.... arcanes mineurs

.... lames à l'endroit

.... lames à l'envers

☐ Deniers

☐ Épées

☐ Bâtons

☐ Coupes

Interprétation du Tirage

Résumé

MERCREDI 1er

♊

Célébration du jour :
Rencontre avec les ancêtres

07 : 37 *lever du soleil*
17 : 31 *coucher du soleil*
19 : 30 *lever de la lune*
13 : 11 *coucher de la lune*

JEUDI 2

♋

Ingrédient du jour :
Orange

07 : 39 *lever du soleil*
17 : 29 *coucher du soleil*
20 : 27 *lever de la lune*
13 : 56 *coucher de la lune*

VENDREDI 3

♋

Œuvre du jour :
La Sibylle de Delphes, Michel-Ange, 1508-1510

07 : 40 *lever du soleil*
17 : 28 *coucher du soleil*
21 : 32 *lever de la lune*
14 : 29 *coucher de la lune*

SAMEDI 4

♋

07 : 42 *lever du soleil*
17 : 26 *coucher du soleil*
22 : 42 *lever de la lune*
14 : 53 *coucher de la lune*

DIMANCHE 5

♌

Personnalité du jour :
Hagel, sorcière moderne, auteure de *La Médiumnité* et de *L'Herbier des sorcières*, France

07 : 44 *lever du soleil*
17 : 25 *coucher du soleil*
23 : 52 *lever de la lune*
15 : 12 *coucher de la lune*

Magie des fourneaux et animaux

Beaucoup de ce que nous mangeons est dangereux pour les animaux : le pain tue chaque année de nombreux canards et oiseaux car il gonfle dans leur ventre, le chocolat est un ennemi bien connu des chiens, etc. Si vous voulez laisser une offrande aux animaux d'une forêt, demandez conseil au garde forestier. Ne laissez jamais rien à proximité d'habitations pour ne pas attirer les rats. Vous pouvez, dans une approche plus spirituelle, utiliser des cartes d'oracle animalier pour vous accompagner dans vos recettes magiques.

LUNDI 6

Film du jour :
Le Masque du démon, film en noir et blanc où une sorcière revient à la vie et réclame vengeance

07 : 45 *lever du soleil*
17 : 23 *coucher du soleil*
-- *lever de la lune*
-- *coucher de la lune*

MARDI 7

Célébration du jour :
Nuit d'Hécate

07 : 47 *lever du soleil*
17 : 22 *coucher du soleil*
01 : 01 *lever de la lune*
15 : 27 *coucher de la lune*

MERCREDI 8

Œuvre du jour :
Départ pour le Sabbat,
Albert-Joseph Pénot, 1910

07 : 48 *lever du soleil*
17 : 20 *coucher du soleil*
02 : 10 *lever de la lune*
15 : 41 *coucher de la lune*

JEUDI 9

Pierre du jour :
Sardonyx

07 : 50 *lever du soleil*
17 : 19 *coucher du soleil*
03 : 17 *lever de la lune*
15 : 54 *coucher de la lune*

VENDREDI 10

07 : 51 *lever du soleil*
17 : 17 *coucher du soleil*
04 : 26 *lever de la lune*
16 : 06 *coucher de la lune*

SAMEDI 11

Célébration du jour :
Jour des Héros de Valhalla

07 : 53 *lever du soleil*
17 : 16 *coucher du soleil*
05 : 36 *lever de la lune*
16 : 21 *coucher de la lune*

DIMANCHE 12

Outil du jour :
Emoji Spell

07 : 55 *lever du soleil*
17 : 15 *coucher du soleil*
06 : 49 *lever de la lune*
16 : 37 *coucher de la lune*

Langues de chat pour faire taire les commérages

En sorcellerie, nous parlons souvent de deux sortes de magie. La magie contagieuse est régie par le principe de contact : il vous faut un cheveu, un ongle ou quelque chose appartenant à une personne pour pouvoir agir sur elle. La magie sympathique, régie par le principe de similarité, consiste par exemple à utiliser une poupée pour agir sur un autre être humain, ou à utiliser un faux billet pour l'argent. C'est à cette seconde catégorie que nous allons faire appel ici. Il existe de nombreuses pâtisseries dont les noms sont parfaits pour ce type de magie : éclair, madeleine, religieuse, gâteau des anges, croissant, financier, mont-blanc, oublie, pain perdu, rose des sables... Soyez créatif·ve !

L'expression « donner sa langue au chat » signifie lâcher l'affaire, changer de sujet, se dire qu'il y a plus important. En sorcellerie, il existe des rites avec une langue de bœuf coupée pour faire taire les commérages, mais pour les petits commérages, c'est peut-être un peu excessif comme première approche, non ? L'idéal est de commencer par une discussion avec les personnes concernées, si possible, avant même d'envisager des options sorcières. Nous sommes des humains, parfois nous réagissons bêtement, nous avons peur ou des incompréhensions naissent de nos prismes personnels.

- Musique : *Laisse parler les gens* – Jocelyne Labylle (single)
- Phases de la lune : nouvelle lune
- Chandelle suggérée : noire

Ingrédients

- 60 g de beurre doux à température ambiante (spiritualité)
- 60 g de sucre en poudre (amour)
- 60 g de farine (fertilité, ancrage, protection)
- 2 gouttes de vanille ou 1 sachet de sucre vanillé
- 2 blancs d'œufs (création, guérison, protection, divination)
- Fleur de sel (mise à la terre, ancrage, protection)
- 3 c. à s. de charbon actif (bannissement)

Recette

1// Préchauffez le four à 200 °C en retirant la plaque du four. Travaillez le beurre pour le rendre crémeux dans un saladier et ajoutez le sucre, la vanille et la farine. Mélangez dans le sens inverse des aiguilles d'une montre.

2// Incorporez les blancs d'œufs. Je vous conseille de garder les coquilles, vous pourrez les réduire en poudre fine pour mettre devant vos fenêtres comme barrière sorcière, ou grossièrement pour faire fuir les limaces autour de vos carrés de potager.

3// Posez votre contenant sur une illustration de rose des vents (dessinez-la vous-même si possible avec un mélange d'encre noire et de cendres de ronces, mais pour une première, un stylo noir suffira). Dans le saladier, ajoutez le charbon et une pincée de fleur de sel. Mélangez en visualisant les commérages qui se dispersent dans toutes les directions pour aller le plus loin possible.

5// Étalez une feuille de papier cuisson sur la plaque de cuisson. Ici c'est la partie un peu plus complexe, mais vous pouvez y arriver ! Mettez la pâte dans une poche à douille et étalez des bâtonnets de pâte suffisamment espacés sur la plaque, prenez la taille de votre index comme mesure de référence. Après tout, c'est celui-ci qu'on utilise pour pointer du doigt les gens dans leur dos.

6// La cuisson dure 7 à 8 minutes à four chaud, mais pensez à bien surveiller : cela peut être plus rapide en fonction de votre four. Décollez aussitôt et laissez refroidir. Congelez-les pour les sortir lorsque vous aurez besoin de ce sortilège.

Utilisation

Si vous avez une personne particulière en tête concernant les commérages, écrivez son nom sur un morceau de papier que vous pliez en trois, puis clouez le papier sous le biscuit au centre de la rose des vents.

- Offrez-en à ceux que vous voulez faire taire, dans un joli sachet. Cela ne les impactera pas s'ils n'ont pas envie de changer, mais sait-on jamais !
- Si vous cherchez à éloigner les commérages de manière générale, enterrez un biscuit à chaque coin de votre terrain ou dans un pot de fleurs que vous mettrez à l'entrée de votre habitation.
- Si vous avez la fâcheuse manie de colporter des commérages et souhaitez corriger cette habitude, glissez un biscuit sur votre langue et laissez-le fondre avant de l'avaler.

LUNDI 13

♏

07 : 56 *lever du soleil*
17 : 13 *coucher du soleil*
08 : 06 *lever de la lune*
16 : 59 *coucher de la lune*

MARDI 14

♏

Célébration du jour :
Fête des Dieux de la musique, jour des bardes et musiciens

07 : 58 *lever du soleil*
17 : 12 *coucher du soleil*
09 : 24 *lever de la lune*
17 : 27 *coucher de la lune*

MERCREDI 15

♐

07 : 59 *lever du soleil*
17 : 11 *coucher du soleil*
10 : 42 *lever de la lune*
18 : 08 *coucher de la lune*

JEUDI 16

♐

Personnalité du jour :
Jennifer Joseph, détentrice du compte Instagram Natural Magics, tarologue, États-Unis

08 : 01 *lever du soleil*
17 : 10 *coucher du soleil*
11 : 51 *lever de la lune*
19 : 03 *coucher de la lune*

VENDREDI 17

♑

Œuvre du jour :
The Witches' Sabbat, Frans Francken The Younger, 1607

08 : 02 *lever du soleil*
17 : 09 *coucher du soleil*
12 : 47 *lever de la lune*
20 : 13 *coucher de la lune*

SAMEDI 18

♑

08 : 04 *lever du soleil*
17 : 07 *coucher du soleil*
13 : 29 *lever de la lune*
21 : 34 *coucher de la lune*

DIMANCHE 19

♒

Pierre du jour :
Pierre de soleil

08 : 05 *lever du soleil*
17 : 06 *coucher du soleil*
13 : 59 *lever de la lune*
22 : 58 *coucher de la lune*

Étude des lames

Ces pages sont pensées pour les tarots, mais vous pouvez tout aussi bien les adapter pour les oracles. Vous en trouverez ici un nombre limité, cependant vous pouvez vous rendre sur mon blog pour télécharger des pages supplémentaires à imprimer ! Vous pouvez les scotcher ici, ou encore faire un carnet d'étude dédié aux cartes à côté.

Ici, vous pouvez imprimer et coller une image de la lame

Date de l'étude : ....

Lame dédiée : ....

Différences entre mes *decks* : ....
....
....
....

Interprétation de la lame tirée à l'endroit : ....
....
....
....
....

Intepprétation de la lame tirée à l'envers : ....
....
....
....
....

Ressenti personnel vis-à-vis de la lame : ....

....

....

....

....

....

....

....

....

....

Mes jeux comprenant cette lame et leurs différences : ....

....

....

....

....

....

....

....

....

....

Cette lame est sortie lors des tirages suivants : ....

....

....

....

....

....

....

....

....

....

SEMAINE DU 20 AU 26 NOVEMBRE

LUNDI 20

Divinité du jour :
Sedna, déesse inuit qui veille à l'équilibre entre pêche et vie marine

08 : 07 *lever du soleil*
17 : 05 *coucher du soleil*
14 : 22 *lever de la lune*
00 : 23 *coucher de la lune*

MARDI 21

Série du jour :
American Horror Story – Coven, une série traumatisante sur bien des points, âmes sensibles s'abstenir !

08 : 08 *lever du soleil*
17 : 04 *coucher du soleil*
14 : 41 *lever de la lune*
01 : 45 *coucher de la lune*

MERCREDI 22

Personnalité du jour :
Hyena, tarologue, médium et créatrice du Soul Shadow Tarot et de la chaîne YouTube du même nom, Grèce

08 : 10 *lever du soleil*
17 : 03 *coucher du soleil*
14 : 56 *lever de la lune*
03 : 06 *coucher de la lune*

JEUDI 23

Signe du jour :
Sagittaire (1er jour)
Élément Feu

08 : 11 *lever du soleil*
17 : 02 *coucher du soleil*
15 : 12 *lever de la lune*
04 : 28 *coucher de la lune*

VENDREDI 24

Outil du jour :
Danse

08 : 13 *lever du soleil*
17 : 01 *coucher du soleil*
15 : 28 *lever de la lune*
05 : 50 *coucher de la lune*

SAMEDI 25

Calendrier des arbres :
Ruis – Sureau, 1er jour

08 : 14 *lever du soleil*
17 : 01 *coucher du soleil*
15 : 47 *lever de la lune*
07 : 13 *coucher de la lune*

DIMANCHE 26

Type de magie du jour :
Magie chrétienne, l'Église condamne les croyances dont Dieu est exclu, ici il est accompagné de Marie et de Jésus

08 : 16 *lever du soleil*
17 : 00 *coucher du soleil*
16 : 10 *lever de la lune*
08 : 35 *coucher de la lune*

SEMAINE DU 27 AU 30 NOVEMBRE

LUNDI 27

♉ Ingrédient du jour :
Grenade

08 : 17	*lever du soleil*
16 : 59	*coucher du soleil*
16 : 40	*lever de la lune*
09 : 51	*coucher de la lune*

MARDI 28

♊ Outil du jour :
Cascarilla

08 : 18	*lever du soleil*
16 : 58	*coucher du soleil*
17 : 20	*lever de la lune*
10 : 57	*coucher de la lune*

MERCREDI 29

♊ Animal du jour :
Narval

08 : 20	*lever du soleil*
16 : 58	*coucher du soleil*
18 : 12	*lever de la lune*
11 : 48	*coucher de la lune*

JEUDI 30

♋ Célébration du jour :
Hecate Trivia, festival dédié à Hécate, Rome

08 : 21	*lever du soleil*
16 : 57	*coucher du soleil*
19 : 15	*lever de la lune*
12 : 27	*coucher de la lune*

Une histoire de fourchette

L'art de la table est une discipline ancienne en France. Autrefois, il n'y avait qu'une grande nappe qui servait pour essuyer les doigts, pas d'assiettes ni de couverts. La table était ornée de planches et de tranchoirs, parfois de bols. La légende veut qu'en France, l'usage de couverts ait été instauré par Henri III en 1574, juste après son voyage à Venise. Les Français étaient très récalcitrants à l'idée d'utiliser des couverts, c'était considéré comme trop efféminé… cela semble surréaliste aujourd'hui.

Fascinée par l'histoire, j'ai intégré celle de France et son art de la table dans ma magie. La fourchette est posée de coutume dents vers le bas, car les armoiries étaient gravées à l'arrière. En pratique, je dépose les fourchettes dans ce sens pour trois raisons :

- Travailler sur les ancêtres, la famille, la généalogie (il est intéressant d'accompagner cette position d'un repas faisant écho à votre histoire familiale).
- Lorsque j'invite quelqu'un pour qui j'ai de l'affection et avec qui je souhaite passer un moment de douceur, tisser un doux souvenir.
- Il nous arrive parfois d'être impulsifs et de faire/dire des choses que nous regrettons, il s'agit alors de s'excuser et de ne plus répéter ce schéma, d'adoucir les tensions en faisant le dos rond.

Aujourd'hui, de nombreux restaurateurs présentent les fourchettes « à l'anglaise », dents vers le haut, car nous avons beaucoup moins d'armoiries à faire admirer, mais aussi pour une question plus pratique : le frottement répété des dents use les nappes.

À vos fourchettes !

DÉCEMBRE

L	M	M	J	V	S	D
				1	2	3
4	5	6	7	8	9	10
11	12	13	14	15	16	17
18	19	20	21	22	23	24
25	26	27	28	29	30	31

ALLIÉ DU MOIS : oignon (protection)

Décembre est un mois à la fois très joyeux et très angoissant pour tout le monde, en fonction de sa situation familiale. Prenez le temps de savoir ce que vous avez envie de faire, ce que vous acceptez de faire, et, surtout, prenez soin de vous. Parfois, il vaut mieux décevoir des gens qui nous mettent dans tous nos états que de se faire du mal.

PHASES LUNAIRES :

- 5 : Dernier quartier
- 13 : Nouvelle lune
- 19 : Premier quartier
- 27 : Pleine lune

SIGIL DU MOIS : « Je peux faire naître la lumière et la beauté où je le désire. »

Cuisine de saison

Fruits : citron • clémentine • kiwi • mandarine • orange • pamplemousse • poire • pomme

Légumes : ail • betterave • carotte • céleri • chou de Bruxelles • endive • épinard • frisée • mâche • navet • oignon • panais • poireau • pomme de terre • radis • salsifis • topinambour

Affirmation ou citation du Mois

Important

Sabbat du mois : Yule - 22 décembre

DÉCEMBRE

Lundi	*Mardi*	*Mercredi*
27	28	29
4	5 *Dernier quartier*	6
11	12	13 *Nouvelle lune*
18	19 *Premier quartier*	20
25	26	27 *Pleine lune*
1	2	3

Jeudi	Vendredi	Samedi	Dimanche
30	1	2	3
7	8	9	10
14	15	16	17
21	22 Yule 	23	24
28	29	30	31
4	5	6	7

Traqueur d'humeur du mois

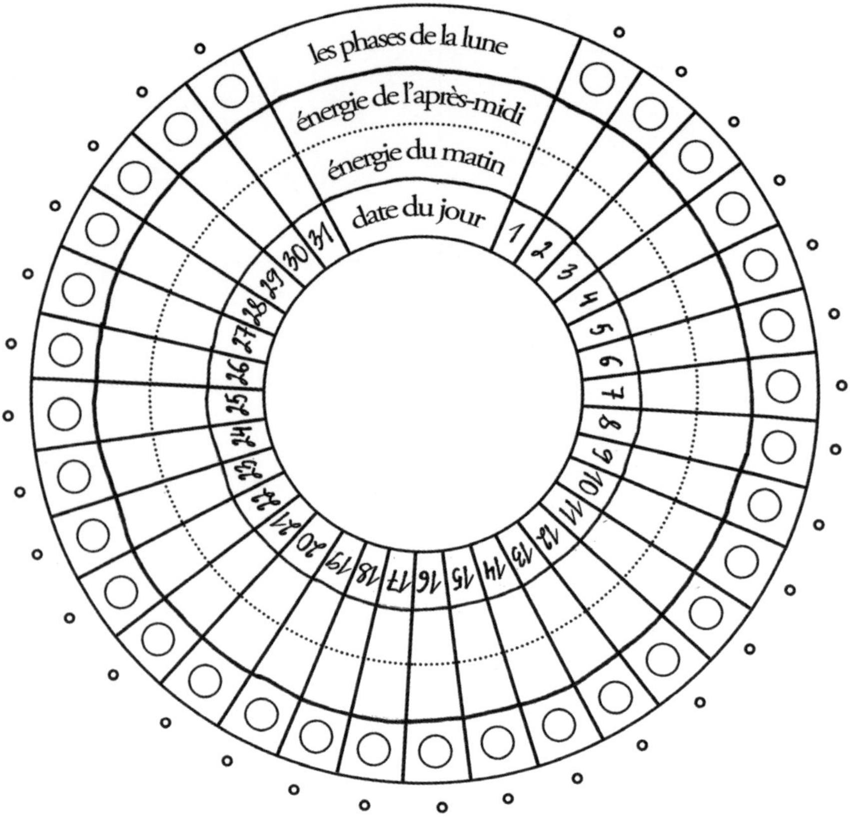

Je suis d'humeur

- ☐ positive
- ☐ neutre
- ☐ négative
- ☐ créative
- ☐ spirituelle
- ☐ angoissée
- ☐ ....
- ☐ ....
- ☐ ....
- ☐ ....
- ☐ ....
- ☐ ....

Tirage du Mois

Voici le tirage général du mois. Il est possible de le faire avec un oracle ou un tarot, cela n'a pas d'importance. Si des lames « sautent » du jeu pendant que vous les battez, mettez-les de côté et gardez-les pour les interpréter à part.

Date de l'étude

............/........./..................

Phase de la lune

....

Oracle ou tarot utilisé

....

....

☐ Tirage avec les lames à l'envers

Ce qu'il faut laisser derrière moi pour la nouvelle année

allié : poivre noir

Une prédiction qui va se réaliser pour l'année à venir

alliées : algues

Une part de moi qui souhaite exister et m'accompagner

allié : basilic

Mots-clés

....

....

....

....

....

....

Analyse du tirage

.... arcanes majeurs

.... arcanes mineurs

.... lames à l'endroit

.... lames à l'envers

☐ Deniers

☐ Épées

☐ Bâtons

☐ Coupes

Interprétation du Tirage

Résumé

VENDREDI 1ER

♋ Ingrédient du jour : Cannelle

08 : 22	*lever du soleil*
16 : 57	*coucher du soleil*
20 : 24	*lever de la lune*
12 : 55	*coucher de la lune*

SAMEDI 2

♌ Découverte du jour : Effet Doppler, Christian Doppler, 1848

08 : 24	*lever du soleil*
16 : 56	*coucher du soleil*
21 : 35	*lever de la lune*
13 : 16	*coucher de la lune*

DIMANCHE 3

♌ Encens du jour : Myrrhe

08 : 25	*lever du soleil*
16 : 56	*coucher du soleil*
22 : 46	*lever de la lune*
13 : 32	*coucher de la lune*

Idées pour continuer sur la voie de la *kitchen witchery*

La voie de la magie des fourneaux est passionnante et généreuse, j'espère de tout cœur que cette invitation dans ma pratique personnelle vous a plu et vous a donné le goût de continuer sur cette voie. Voici quelques idées pour continuer :

- Faire vos confitures
- Collecter les recettes de votre enfance et de vos œuvres préférées pour leur apporter un soupçon de magie
- Prendre un cours de cueillette avec un·e herboriste de votre région pour découvrir comment cuisiner autrement

- Aller au verger et vous laisser appeler par les fruits et légumes
- Créer votre propre *playlist* de *kitchen witch*
- Si vous aimez broder, pourquoi ne pas vous faire un tablier ensorcelé ?
- Suivre vos intuitions !

LUNDI 4

08 : 26 *lever du soleil*
16 : 55 *coucher du soleil*
23 : 54 *lever de la lune*
13 : 47 *coucher de la lune*

MARDI 5

Célébration du jour :
Krampusnacht, fête de Krampus, Allemagne

08 : 27 *lever du soleil*
16 : 55 *coucher du soleil*
-- *lever de la lune*
-- *coucher de la lune*

MERCREDI 6

08 : 28 *lever du soleil*
16 : 55 *coucher du soleil*
01 : 02 *lever de la lune*
14 : 00 *coucher de la lune*

JEUDI 7

Couleur du jour :
Violet

08 : 30 *lever du soleil*
16 : 54 *coucher du soleil*
02 : 09 *lever de la lune*
14 : 12 *coucher de la lune*

VENDREDI 8

Personnalité du jour :
Molly Roberts, *art witch* prolifique et chanteuse, États-Unis

08 : 31 *lever du soleil*
16 : 54 *coucher du soleil*
03 : 17 *lever de la lune*
14 : 26 *coucher de la lune*

SAMEDI 9

Végétal du jour :
Coriandre

08 : 32 *lever du soleil*
16 : 54 *coucher du soleil*
04 : 29 *lever de la lune*
14 : 41 *coucher de la lune*

DIMANCHE 10

Découverte du jour :
Tableau périodique, Dmitri Mendeleïev, 1880

08 : 33 *lever du soleil*
16 : 54 *coucher du soleil*
05 : 43 *lever de la lune*
15 : 00 *coucher de la lune*

Bûche de Yule de maman Nemandi

- Musique : *Indian Poem* – Grand Soleil (album *This is a good day*)
- Moment de la journée : quand vous pourrez, car il y a un peu de préparation !
- Chandelle suggérée : rouge, verte, blanche ou dorée

Ingrédients

Compotée de fruits :

- 1 ananas (guérison, argent, protection, amour)
- 2 mangues (protection, sexualité, amour)
- 1 papaye (amour)
- 1 citron vert (amour, purification)
- 4 fruits de la passion (amour, paix)
- 120 g de sucre (amour)

Biscuit :

- 4 œufs (création, guérison, protection, divination)
- 120 g de sucre en poudre (amour)
- 30 g de farine (fertilité, ancrage, protection)
- 70 g de Maïzena
- 1 pincée de sel (mise à la terre, ancrage, protection)
- 10 g de sucre vanillé (amour)
- 1 sachet de levure chimique (multiplicateur de chances de réussite, correspondance personnelle)

Ganache :

- 200 g de chocolat noir (amour, argent)
- 1 petite brique de crème fraîche semi-épaisse (amour, spiritualité)
- 60 g de beurre (spiritualité)

Recette

Vous pouvez tout préparer à part la ganache la veille pour qu'il ne vous reste que la partie décoration à faire dans la journée pour le grand soir.

Compotée de fruits :

Préparez la compote. Épluchez l'ananas, les mangues et la papaye, coupez-les en tranches. Mélangez les fruits avec le sucre et le jus de citron dans une casserole. Coupez les fruits de la passion en deux, pressez la pulpe dans un tamis au-dessus de la casserole en appuyant sur les graines. Faites cuire le tout 30 minutes à feu doux en remuant de temps en temps, jusqu'à ce que la compote soit épaisse. Laissez refroidir et gardez au frais. Conseil de maman Nemandi : vous pouvez la préparer à l'avance et la décongeler la veille.

Ganache :

Préparez la ganache. Cassez le chocolat dans une casserole sur feu doux. Ajoutez la crème fraîche en remuant jusqu'à ce que le mélange soit homogène. Laissez un peu tiédir avant d'ajouter le beurre mou en fouettant. Mettez au frais 30 minutes et sortez un peu avant le moment d'étaler sur la pâte.

Biscuit :

Chauffez le four à 170 °C. Montez les quatre blancs en neige bien ferme. Dans un saladier, mélangez la farine, le sucre, la Maïzena, la levure pour créer un mélange sec. Incorporez les jaunes, en alternant avec le sec et le beurre fondu. Ne travaillez pas trop la pâte pour ne pas casser les blancs.

Étalez la préparation sur une plaque antiadhésive rectangulaire de 28 × 38 que vous aurez légèrement beurrée. Faites cuire au four 15-20 minutes en surveillant la cuisson. Lorsqu'il est doré, laissez tiédir le biscuit sous un linge légèrement humide. Une fois à température ambiante, retirez le linge et étalez la compotée de manière généreuse en allant au plus proche du bord. Prenez le biscuit par un bord long et roulez tout doucement pour former la bûche, sans trop serrer pour que le tout reste moelleux. Enroulez le tout dans du film transparent et mettez au frais pendant 1 heure minimum.

Décoration :

Sortez la bûche du réfrigérateur et étalez la ganache de manière homogène (s'il y en a trop, vous pouvez mettre le reste dans un petit bol pour les plus gourmands). Tracez des motifs de bois dans le chocolat, vous pouvez même y mettre des bougies et autres décorations festives si vous le souhaitez.

SEMAINE DU 11 AU 17 DÉCEMBRE

LUNDI 11

Ingrédient du jour :
Œuf

08 : 34 *lever du soleil*
16 : 54 *coucher du soleil*
07 : 02 *lever de la lune*
15 : 25 *coucher de la lune*

MARDI 12

Série du jour :
Penny Dreadful, la fascinante et torturée miss Ives trouve des acolytes pour s'opposer à une sombre menace

08 : 35 *lever du soleil*
16 : 54 *coucher du soleil*
08 : 21 *lever de la lune*
16 : 01 *coucher de la lune*

MERCREDI 13

Célébration du jour :
Santa Lucia, jour de la fête de la Lumière, Europe de l'Est

08 : 35 *lever du soleil*
16 : 54 *coucher du soleil*
09 : 36 *lever de la lune*
16 : 52 *coucher de la lune*

JEUDI 14

08 : 36 *lever du soleil*
16 : 54 *coucher du soleil*
10 : 39 *lever de la lune*
17 : 58 *coucher de la lune*

VENDREDI 15

Minéral du jour :
Okénite

08 : 37 *lever du soleil*
16 : 54 *coucher du soleil*
11 : 27 *lever de la lune*
19 : 18 *coucher de la lune*

SAMEDI 16

08 : 38 *lever du soleil*
16 : 54 *coucher du soleil*
12 : 01 *lever de la lune*
20 : 45 *coucher de la lune*

DIMANCHE 17

Célébration du jour :
Saturnales, célébration du dieu Saturne, Rome

08 : 39 *lever du soleil*
16 : 54 *coucher du soleil*
12 : 27 *lever de la lune*
22 : 11 *coucher de la lune*

LUNDI 18

Œuvre du jour :
Circe Invidiosa, John William Waterhouse, 1892

08 : 39 *lever du soleil*
16 : 55 *coucher du soleil*
12 : 47 *lever de la lune*
23 : 34 *coucher de la lune*

MARDI 19

Végétal du jour :
Cèdre

08 : 40 *lever du soleil*
16 : 55 *coucher du soleil*
13 : 03 *lever de la lune*
00 : 56 *coucher de la lune*

MERCREDI 20

Divinité du jour :
Lilith, première femme moitié démone, symbole de féminité et égale d'Adam

08 : 41 *lever du soleil*
16 : 55 *coucher du soleil*
13 : 18 *lever de la lune*
02 : 15 *coucher de la lune*

JEUDI 21

08 : 41 *lever du soleil*
16 : 56 *coucher du soleil*
13 : 34 *lever de la lune*
03 : 35 *coucher de la lune*

VENDREDI 22

Sabbat du jour :
Yule, fête païenne du solstice hivernal

08 : 42 *lever du soleil*
16 : 56 *coucher du soleil*
13 : 51 *lever de la lune*
04 : 56 *coucher de la lune*

SAMEDI 23

Calendrier des arbres :
Idho – If, 1er jour

08 : 42 *lever du soleil*
16 : 57 *coucher du soleil*
14 : 13 *lever de la lune*
06 : 16 *coucher de la lune*

DIMANCHE 24

08 : 43 *lever du soleil*
16 : 57 *coucher du soleil*
14 : 39 *lever de la lune*
07 : 33 *coucher de la lune*

Fiche de correspondances

Il s'agit ici de rassembler des correspondances pour un problème ou une intention magique : soulager la tristesse, faciliter le sommeil, se souvenir de ses rêves ou stimuler sa mémoire pour un examen, les possibilités sont infinies.

Sujet d'étude :

....

Zodiaque : ....

Phase lunaire/solaire : ....

Élément : ....

Chiffre : ....

Sens : ....

Couleurs : ....

Pierre et minéraux : ....

....

....

Animaux : ....

....

....

Outils : ....

....

....

Système solaire : ....

Saison : ....

Direction : ....

Jour de la semaine : ....

Polarité : ....

Arbres et plantes : ....

....

....

Ingrédients : ....

....

....

Insectes : ....

Créatures magiques : ....

Outils : ....

....

....

Symboles, mythes, contes, souvenirs…

LUNDI 25

Célébration du jour :
Début des 12 jours païens

08 : 43 *lever du soleil*
16 : 58 *coucher du soleil*
15 : 14 *lever de la lune*
08 : 43 *coucher de la lune*

MARDI 26

Divinité du jour :
Frau Holda

08 : 43 *lever du soleil*
16 : 59 *coucher du soleil*
16 : 01 *lever de la lune*
09 : 39 *coucher de la lune*

MERCREDI 27

Film du jour : *The VVitch*, des enfants disparaissent dans un village de croyants, la paranoïa et la superstition grandissent…

08 : 43 *lever du soleil*
16 : 59 *coucher du soleil*
17 : 00 *lever de la lune*
10 : 23 *coucher de la lune*

JEUDI 28

08 : 44 *lever du soleil*
17 : 00 *coucher du soleil*
18 : 07 *lever de la lune*
10 : 55 *coucher de la lune*

VENDREDI 29

Ingrédient du jour :
Gingembre

08 : 44 *lever du soleil*
17 : 01 *coucher du soleil*
19 : 18 *lever de la lune*
11 : 18 *coucher de la lune*

SAMEDI 30

Découverte du jour :
Couches atmosphériques,
Léon Teisserenc de Bort et Richard Assmann, 1902

08 : 44 *lever du soleil*
17 : 02 *coucher du soleil*
20 : 30 *lever de la lune*
11 : 37 *coucher de la lune*

DIMANCHE 31

08 : 44 *lever du soleil*
17 : 03 *coucher du soleil*
21 : 39 *lever de la lune*
11 : 52 *coucher de la lune*

Espace de test

Carnet d'adresse des sorcières

Pour ne pas oublier les adresses de nos amis, compagnons, sœurcières et autres farfadets avec qui on aime échanger. Il arrive qu'on accroche vraiment avec une personne rencontrée en rassemblement ou même avec qui on a fait un joli échange, ou tout simplement qu'on vive une amitié qui a quelque chose de… magique !

Nom/prénom : ....
Pseudonyme/blog : ....
Numéro et rue : ....
....
Code postal et ville : ....
Numéro de téléphone : ....
E-mail : ....

Nom/prénom : ....
Pseudonyme/blog : ....
Numéro et rue : ....
....
Code postal et ville : ....
Numéro de téléphone : ....
E-mail : ....

Nom/prénom : ....
Pseudonyme/blog : ....
Numéro et rue : ....
....
Code postal et ville : ....
Numéro de téléphone : ....
E-mail : ....

Nom/prénom : ....
Pseudonyme/blog : ....
Numéro et rue : ....
....
Code postal et ville : ....
Numéro de téléphone : ....
E-mail : ....

Nom/prénom : ....
Pseudonyme/blog : ....
Numéro et rue : ....
....
Code postal et ville : ....
Numéro de téléphone : ....
E-mail : ....

Nom/prénom : ....
Pseudonyme/blog : ....
Numéro et rue : ....
....
Code postal et ville : ....
Numéro de téléphone : ....
E-mail : ....

Nom/prénom : ....
Pseudonyme/blog : ....
Numéro et rue : ....
....
Code postal et ville : ....
Numéro de téléphone : ....
E-mail : ....

Nom/prénom : ....
Pseudonyme/blog : ....
Numéro et rue : ....
....
Code postal et ville : ....
Numéro de téléphone : ....
E-mail : ....

Nom/prénom : ....
Pseudonyme/blog : ....
Numéro et rue : ....
....
Code postal et ville : ....
Numéro de téléphone : ....
E-mail : ....

Nom/prénom : ....
Pseudonyme/blog : ....
Numéro et rue : ....
....
Code postal et ville : ....
Numéro de téléphone : ....
E-mail : ....

Nom/prénom : ....
Pseudonyme/blog : ....
Numéro et rue : ....
....
Code postal et ville : ....
Numéro de téléphone : ....
E-mail : ....

Bibliographie

J'ai peut-être commencé petite avec de la divination primitive, des câlins aux arbres et des prières à la lune, mais depuis j'ai beaucoup lu, alors je vous propose quelques références qui m'ont aidée à arriver jusqu'ici.

- John Beckett, *La Voie du paganisme*, Danaé, 2019.
- Scott Cunningham, *La Cuisine wiccane*, Danaé, 2017.
- ____________________, *Encyclopédie des plantes magiques*, Trajectoire, 2018.
- Lisa Chamberlain, *Wiccan Kitchen*, Sterling, 2019.
- Marilyn F. Daniel, *Kitchen Witchery*, Weiser Books, 2002.
- Maria Noël Groves, *Body into balance*, Storey Publishing, 2016.
- Éloïse Méchard et Mathilde Fachan, *Kitchen Witch*, Webedia Books, 2022.
- Gwion Raven, *The Magick of Food*, LLewellyn Publications, 2020.
- Soraya, *The Kitchen Witch*, Waverley Books, 2011.
- Jamie Wood & Tara Seefeldt, *The Wicca Cookbook*, Celestial Arts, 2000.
- *Larousse gastronomique*
- Jean-François Piège, *Le Grand Livre de la cuisine française,* Hachette, 2020.
- Xenia Vetsera, *Vivendier des sorcières*, Danaé, 2020.

Crédits

Les illustrations des pages correspondance des éléments et ouverture des trimestres ainsi que tous les sigils, les symboles des éléments dans les ornements de pages, la tranche d'agrume et la course du soleil (p.59) ont été réalisés par Lisbeth Nemandi et Margot Gabaret.

Lisbeth Nemandi : traqueur d'humeur, phases lunaires.

Éléments visuels apparaissant de manière récurrente :

iStock : Evgeniya Ivanova : oranges doubles pages calendrier ; rraya : clef double page calendrier, bougie ouverture de mois et cartes de tarot ; Matveev_Aleksandr : fond papier déchiré doubles pages calendrier ; serazetdinov. : papier froissé doubles pages calendrier.

Shutterstock : Tanya Antusenok : étoiles et croissants de lune, fiole montagne doubles pages calendrier, fiole droite des cadres semainiers et tasse de thé ouvertures de mois ; Ekaterina Bedoeva : signes astrologiques ; cristaux ; Ksenia Shnaider : chapeau de sorcière signalant les sabbats ; JungleOutThere : ornements cadres "affirmation ou citation du mois" ; Ekaterina Romanova : cadres "affirmation ou citation du mois" et "tirage du mois" ; stereohype : coins cadres "traqueur d'humeur du mois" et semainiers ; Neliakott : phases lunaires, plantes et étoiles des cadres semainiers ; Galina Yureva : fiole gauche des cadres semainiers ; Natasha_Pankina : pentacle ornements coins de pages ; Volodymyr Kryshtal : cuillère et plantes ornements coins de pages ; Viktoriia Ilina : étoiles ornements coins de pages.

Éléments visuels apparaissant de manière ponctuelle :

iStock : seamartini : coins cadres (p.2,3,4,5,6,15,23,24 et 85) ; Darja Kuznetsova : chaudron (p.5) ; Gluiki : grimoire ouvert (p.9) ; Magnilion : sachet (p.9), feuilles de sauge (p.9), fiole gauche (p.9) et fiole (p.28) ; Tatyana Goncharuk : champignons et fiole droite (p.9) ; Aluna1 : coloriage sorcière (p.15) ; , Gopasha : cuillère (p.28) ; Татьяна Петрова : barre et linge de cuisine (p.50) ; saemilee : lunes (p.56-57) ; FrankRamspott : trophée traqueur de victoire (p.61) ; ilbusca : fleur janvier (p.70), pommes (p.96-97) et giroflée (p.322) ; oixxo : croix de brigid (p.71 et 98) ; Veleri : bougie (p.71) ; valrylar : galette des rois (p.82) ; Andrea_Hill : fleur février (p98) ; Ilona Rainbow : chou-fleur (p.110) ; melazerg : bougie (p.111) ; Kseniia Gorova : cupcakes (p.120) ; Chelnok : narcisses (p.122) ; rraya : sachet (p.133), hortensia (p.268) ; Gwens Graphic Studio : plumes (p.145) ; logaryphmic : lilas (p.146) ; mubai : muguet (p.170), Nata_Slavetskaya : couronne de fleurs (p.170) ; R.Wilairat : coquelicots (p.194) ; Goderuna : tea time (p.207) ; Svetlana Kychanova : Iris (p.220) ; 13914901 : Dahlia (p.246) ; Alhontess : blé (p.246) ; Stefan_Alfonso : miche de pain (p.246) ; Volodymyr Kryshtal : citrouilles (p.256) Svetlana Apukhtina : pommes (p.268) ; EniaKlever : appareil polaroïd (p.305) ; Irina Vaneeva : plantes (p.305) ; MorePics : bougie (p.313) ; Art illustration : citrouille (p.313) ; setory : farine (p.313) ; Arkadivna : chaudron bulles (p.317) ; NatalieBakumina : fourchette (p.345) ; Epine_art : ornements décembre (p.346).

Shutterstock : lesyauna : balais et chapeau (p.22) ; Barashkova Natalia : dragon (p.23) ; Croisy : chaudron (p.24) ; nadiia_oborska : illustration cuisine (p.54) ; Karina.Am : triple lune (p.54) ; robin.ph : triquetra (p.54) ; aksol : soupe, cuillère, brocolis, morceaux de pain et feuille (p.111) ; agentgirl05 : petit bateau (p.142) ; Cris.Tea : smudge (p.145) ; Kseniya Parkhimchyk : gaufres (p.163) ; alongzo : chapeau (p.163) ; gorelectrotrans : bougies (p.219) ; Nadin Koryukova : ingrédients (p.234) ; Kamieshkova : lanterne (p.256) ; magic_creator : femmes (p.285) ; Aluna1 : bocal poisson ; Iamnee : bûche (p.360).

Traqueur de victoire (p.61) :

Istock : MicrovOne : Manique, tasse avec lune, toque et cocotte ; Ksenia Shnaider : planche à découper ; ONYXprj : sucettes et bonbon ; Pan-Pavel : canapés et biscuit aux fruits ; NataPepper : chaudron avec bulles et bouquet de feuilles ; Magnilion : sachet, chapeau de sorcière, feuilles de sauge, sucrier, fiole haut ; rraya : fiole avec des feuilles ; Tatyana Goncharuk : fiole noire, cristal, fiole vide bas, petites étoiles ; Kseniia Gorova : cupcakes coeur ; Morjachka : cupcake, LokFung. : théière bas ; Thoth_Adan : triquetra ; iSidhe : pentacle ; NatalieBakunina : théière gauche, saucier et pilon ; Tatiana_Kuzmina : lune noire, Sigrlynn : parchemin roulé, fiole scintillante, petit chaudron et livre "Magic", Faye78 : pile de livres.

Shutterstock : Karina.Am : triple lune sur cocotte ; VirinaDesign : tasse coeur.

Polaroïds (p.305) : Istock : Del_Mar : Polaroïds ; MorePics : première et seconde photos ; Kseniia Gorova : troisième photo ; PrettyVectors : quatrième et cinquième photos ; kate_sun : sixième photo.

Page de garde :

iStock : Iuliia Bessonova : citrouilles ; Ksenia Shnaideu : chapeau de sorcière) ; setory : pomme ; melazerg : bougie ; Kseniia Gorova : cupcake ; LokFung : théière ; MicrovOne : cocotte ; rraya : parchemin et sachet ; Tatyana Goncharuk : fiole ; Del_Mar : Polaroïd ; PrettyVectors : image du polaroïd ; Magnilion : feuilles de sauge.

Shutterstock : Karina.Am : pilon et triple lune; Tanya Antusenok : étoiles et petit bouquet.

Ouvrages du même éditeur

Le Vivendier des Sorcières

XENIA VESTERA

Broché 17 × 24

Illustrations Couleurs – 190 pages

La Magie de la Lune

RACHEL PATTERSON

Broché 15 × 21

Illustrations N & B – 146 pages

Le Grand Livre des Correspondances

SANDRA KYNES

Broché 15 × 21

Illustrations N & B – 503 pages

Collection « Célébrations païennes »

Beltane
Mélanie Marquis

Litha
Deborah Blake

Lugnasad
Mélanie Marquis

Mabon
Diana Rajchel

Samhain
Diana Rajchel

Yule
Susan Pesznecker

Imbolc
Carl F. Neal

Ostara
Kerri Connor

La collection « Célébrations païennes » des éditions Danaé explore les anciennes et les nouvelles façons de célébrer les rites saisonniers qui constituent les pierres angulaires de l'année des sorcières.

Rituels • Recettes • Connaissance • Sorts • Divination • Artisanat
Correspondances • Invocations • Prière • Méditation

ⓘ Broché 15 × 21 – Illustrations N & B